JN045288

演技をはじめる人のための
ハンドブック

今日から使える「演じる」技術

ジェレミー・クルーズ

シカ・マッケンジー 訳

JEREMY KRUSE
THE YOUNG ACTOR'S
HANDBOOK

フィルムアート社

The Young Actor's Handbook
by Jeremy Kruse

Copyright © 2015, 2017 by Jeremy Kruse

Japanese translation rights arranged with The Rowman & Littlefield Publishing Group,
Lanham, Maryland through Tuttle-Mori Agency, Inc., Tokyo

演技をはじめる人のための
ハンドブック

今日から使える「演じる」技術

目次

イントロダクション

Introduction

演技とは、キャラクターに生命を吹き込むための技術です。俳優は、キャラクターのために書かれたセリフをどんなふうに言えばいいかを考えることはしません。なぜキャラクターがそのセリフを言うのかを考えます。演技を始めたばかりの人は、俳優であることの意味をつかむために、この本を役立ててください。また、演技の経験者や現在トレーニング中の人は、この本を読むことで、新たな洞察や刺激を得ながら振り返りができることでしょう。講師の先生方にも、収録されている数々のエクササイズをレッスンで活用していただけますし、新たな視点や知識を得ていただけるようになっています。本書のエクササイズとショート・モノローグ（短い独白）は自宅での自主練習にも、教室での発表にも使えるだけでなく、舞台の演技にも映像の演技にも対応できます。また、屋内でも屋外でも、設定が自由に選べます。

　この本は、第1章「オープン・シーンのエクササイズ」と第2章「動線をたどり、同じ動きを再現するエクササイズ」から始まります。エクササイズの指示に従い、実際に動いてみることによって、俳優がすべきことの基礎がわかるようになっています。

　続いて、第3章には「俳優のワークシート」、第4章には「俳優のワークシート・上級編」を収めました。キャラクターと人間関係、状況設定、その他の重要事項について選択をする際の参考にしてください。

　第5章「脚本を読み込むためのコンセプト」や第6章「演技のためのガイダンス」、第7章「演技に役立つテクニック」、第8章「映像の演技」、第9章「オーディションについての

アドバイス」、第10章「俳優業を仕事にするなら」の各章では、
演技の用語や概念、俳優であることの意味や演技の技術につ
いて、さらに理解を深めていきます。

　第11章「自分でストーリーを書くためのエクササイズ」は、
俳優を目指しているあなたが、脚本になるようなストーリー
をオリジナルで創作してみたくなったときのための手引きで
す。まず、物語を作るための要素がわかりやすく説明されて
います。その後、エクササイズに従って書いてみたことを、
舞台や映画の脚本へと発展させられるようになっています。
最終章にはオリジナルのショート・モノローグを収めています。

　この本の使い方は、2通りあります。

①まず、最初から最後まで、読み物として読みます。その
後で、興味があるものを選んで実践してみてください。最
初から順番に取り組んでもよいですし、順番を飛ばしても
かまいません。
②まず、準備運動のような感覚で、第1章の「オープン・
シーンのエクササイズ」と第2章の「動線をたどり、同じ
動きを再現するエクササイズ」を実際にやってみます。そ
の後、読み物として第5章「脚本を読み込むためのコンセ
プト」と第6章「演技のためのガイダンス」、第7章「演
技に役立つテクニック」、第8章「映像の演技」を読んで
ください。読んで理解したことをもう一度、身体の感覚で
つかんで定着させるために、最初のエクササイズを繰り返
してみるとよいでしょう。エクササイズが終わったら、後
半の残りの章を読んでください。

第1章

オープン・シーンの
エクササイズ

Open-Ended Scene Exercise

この章では、自分で自由に設定を作って演じる「**オープン・シーン**」を紹介します。シーンの例題は2人組で演じてください。キャラクターの名前は「俳優A」と「俳優B」としています。どちらも年齢や性別は決まっていませんが、実際にこのエクササイズに取り組むときには、あなた自身と近い年齢の人物を想定してください。プロの現場ではあなたの実年齢から大きくかけ離れた設定を演じることは、ほとんどありません。

　舞台や映画のストーリーでは、何かをめぐって命がけになるほどの、緊迫した状況にある人々が描かれます。脚本にあるシーンはどれも重要です。なぜなら、一つひとつのシーンにはストーリーを少し、あるいは大きく、進展させる意図があるからです。そのように大切な機能を担うはずのシーンが、雑談などの「ただの日常」でしかなければ、もとの脚本がよくないか、演技がよくないかのどちらかです。あるいは、その作品自体にストーリー性がなく、どのジャンルにも属さないものだと言えるでしょう。

　ストーリーでは、必ず、キャラクターがAの状態からBの状態へと変化します。たとえずっと同じ状態でいるキャラクターであっても、変わらざるをえない状況が描かれます。ですから、それを演じる俳優は、自分や相手に変化を迫るような、力がある（強い）選択肢を選ばなくてはなりません。

　あなたが演じるキャラクターは何かを求めており、それはキャラクターであるあなたにとって非常に大切なことだと想定してください。そのような想定から生まれていない選択肢は、弱い選択肢です。優れた脚本は、この原則に従っていま

す。赤ずきんちゃんは逃げなければオオカミに食べられてしまいますし、ヘミングウェイの小説『老人と海』の老漁師サンチャゴは、カジキを釣るために命がけで闘います。映画『ゴッドファーザー』（フランシス・フォード・コッポラ監督、1972年）の青年マイケル・コルレオーネは家族を守るために、危険なマフィアの抗争に足を踏み入れます。もしも、そのマイケルが中途半端に手抜きをしていれば、ストーリーには重厚さが生まれず、名作とはかけ離れたつまらない映画になってしまうでしょう。

　小説や舞台、映画の脚本では、どんなジャンルでも、短編・長編問わず「強い選択肢を選ぶ」という原則が当てはまります。強い選択肢を考え出して選ぶことが、俳優であるあなたの仕事です。

　次に挙げるそれぞれのシーンは「オープンな」、つまり、設定を自由に変えることができるシーンです。どんなキャラクターが、どこにいて、何をしようとしているのか、好きなように想像してください。人間関係や状況や人物像をいきいきとさせるために、あなたの実体験をもとにするか、架空のディテールを想像して付け加えるか、またはその両方を駆使してください。

　演じる前に決めておきたい、基本の設定は次のとおりです。

　①場所
　②お互いの関係
　③このシーンでの出来事

13

設定は具体的に決めてください。具体的であればあるほど、演技に役立ちます。①の「場所」を決めるなら、ただ「学校」とだけ決めて終わりにしないようにしましょう。学校の、どこでしょうか？　学校の食堂か、あるいはロッカー室でしょうか？　または、校長室ですか？

　②の「お互いの関係」を決めるときに、たとえば、相手を「きょうだい」とするなら、「私が尊敬している、素晴らしい兄」というように、あなたにとってどんなきょうだいかを具体的に設定してください。

　③の「このシーンでの出来事」も、具体的に決めます。たとえば、「学校の廊下で兄とすれ違ったが、声をかけてもらえなかったので、私はショックを受けている。兄は私の目を見たが、まるで私を無視するかのようにふるまった」

　このエクササイズで使える選択肢は無限にあります。「それはできない。難しい」と思うなら、それは、あなたが想像力を止めてしまっているからです。このエクササイズのポイントは、セリフが何であろうと、言葉は重要ではない、ということです。重要なのは、セリフ以外の部分で起きていることです。ですから、セリフをどういう雰囲気や感情で言うかは考えないでください。セリフのどの言葉を強調して言うかも、前もって考える必要はありません。あなたが選んだ選択肢に集中し、それに従い、シーンを展開させましょう。

　相手役の俳優の演技に注文を付けてはいけません。あなたが思い描いている段取りに、ほかの俳優にも合わせてもらおうとしないこと。相手の演じ方についても意見や感想は言わず、黙っておきましょう。

　このエクササイズでパートナーと相談するのは、最初に挙げた3つの基本設定だけです。それらを打ち合わせて決めたらパートナーからいったん離れ、各自、自分が演じるキャラクターをどうするか、選択肢を自分で考えて決めてください。

　俳優は、自分の演技について、ほかの俳優から意見を言われるのを嫌います。自分の演技に責任を負うことに集中しましょう。ほかの俳優を導くのは演出家や教師の仕事です。そうした人がおらず、俳優たちだけで練習をしていて、相手の演技に意見を出したくなったら、「提案をしてもいい？」と丁寧に尋ねてからにしてください。それと同時に、あなたからも、パートナーに提案を求めるようにしましょう。

　シーンの演技を始める前と、演技を終えた後に、次の質問について考えてみてください。

　①「自分が考えられる範囲のなかで、これが一番強い選択
　　肢だろうか？」
　②「自分のためにも観客のためにも、どうすればもっと面
　　白くできるか？」

　設定や選択肢を考えるときに迷ったら、「俳優のワークシート」［→第3章］と「俳優のワークシート・上級編」［→第4章］を参考にしてください。

　どんなふうにセリフを言うかは考えないでください。どんな感情を作ればいいかも、意識しないこと。あなたが選んだ選択肢だけに集中して、演じてみましょう。

🎬 オープン・シーン #1

俳優A：やあ、こんにちは。

俳優B：こんにちは。

俳優A：素敵だね。

俳優B：いい気分。

俳優A：もう行かなきゃ。

俳優B：私（俺／僕）も。

🎬 オープン・シーン #2

俳優A：最高。

俳優B：全然。

俳優A：それは残念。

俳優B：わかってないね。

俳優A：わからないよ。

🎬 オープン・シーン #3

俳優A：こうなると思ってた。

俳優B：そりゃ驚いた。

俳優A：そう？　どうしてか、わからないけど。

俳優B：びっくりしただけ。

俳優A：理由が知りたい。

俳優B：考えてみてよ。

俳優A：知ってたんだ。

🎬 オープン・シーン #4

俳優A：悪かったね。

俳優B：いいよ。

俳優A：不公平だよ。

俳優B：助けてくれるかな。

俳優A：無理。

俳優B：いいよ。

🎬 オープン・シーン #5

俳優A：よかったね。

俳優B：たいしたことない。

俳優A：すごいよ。頑張ったんだから。

俳優B：頑張った。

俳優A：手伝ってあげたもんね。

俳優B：まあね。

俳優A：気分が悪い。

俳優B：またか。

🎬 オープン・シーン #6

俳優A：やっぱり。

俳優B：やっぱりね。

俳優A：本当のことを言って。

俳優B：わかった。

オープン・シーンの
エクササイズを設定に従って演じる

　最初のエクササイズでは、あなたが自由に設定を考えました。今度は、次の設定に従い、オープン・シーンを演じてみてください。

▶設定①
俳優A──あなたは外出を禁じられています。両親のいいつけを守らなかったからですが、あなたはまだ両親に謝っていません。いま、あなたは自分の部屋にいます。あなたのきょうだいが、あなたの部屋を訪ねてきました。

俳優B──あなたのきょうだいは、外出を禁じられています。彼／彼女が両親のいいつけを守らなかったためですが、まだ彼／彼女は両親に謝っていません。彼／彼女は自分の部屋にいます。あなたは彼／彼女に会いに行きました。

場所：寝室

▶設定②
俳優A──あなたは世界を救おうとしている武装集団の一員です。ウイルス感染により、人口の大多数は死んでしまいました。俳優Bはワクチンがどこにあるかを知っていますが、その場所を秘密にしています。

俳優B──人口の大多数がウイルス感染によって死んでしまいました。あなたはワクチンの隠し場所を知っています。いま、あなたは武装集団にとらわれています。もしも、あなた

が秘密を明かしたら、この集団は悪い目的のためにワクチンを使うかもしれません。

場所：牢屋

▶設定③

俳優A──あなたはダンスのコンテストで優勝し、スーパースターが集まるダンスチームの新メンバーに選ばれました。あなたはリハーサルのためにアメリカ・フロリダ州マイアミに引っ越さねばならず、その後、1年間は世界ツアーで各国をまわることになっています。あなたの友人、俳優Bもコンテストに出場しましたが、最下位でした。

俳優B──あなたはダンスのコンテストに出場しました。結果は最下位でした。あなたの友人、俳優Aが優勝しました。

場所：コンテスト会場となったホテルのロビー

　オープン・シーンには多くの利点があります。その1つは、直感に従って自由に選択ができるという点です。また、演技のことを詳しく教わっていなくても、すぐにやってみることができます。

　このエクササイズを繰り返し実践していくうちに、どのような役があなたに向いているかが、なんとなくわかってくるでしょう。どんな役柄や題材に取り組めばいいかと悩まずに済み、あなたが共鳴する人物像を手がかりにして探せるようになります。

　繰り返しになりますが、オープン・シーンに取り組むときは、あなたが選んだ選択肢だけに意識を集中させてください。

あなたが選んで決めたことが、セリフの行間で起きていることを作ります。セリフの言葉の意味にこだわったり、とらわれたりしないようにしてください。あなたが選んだ選択肢が、あなたの行動や態度に燃料を注ぎます。言葉はただの情報です。もちろん情報は大切ですし、シェイクスピアの戯曲のような作品であれば、セリフの言葉は美しくてパワフルです。でも、キャラクターの内面をいきいきと作り出さなければ、俳優は仕事をしたとは言えません。

　では、エクササイズのこれまでの流れを振り返りましょう。まず、あなたはパートナーと一緒に基本設定を決め、オープン・シーンに燃料を注ぐために、自分で選択肢を考えて選びました。次に、あなたは、指定された設定を取り入れて、演技をしました。それらを下敷きにして、今度はセリフを変えてエクササイズをおこなってみてください。

　これまでにあなたが考えた設定のなかから1つを選ぶか、指定された設定①〜③のどれかを選び、次の「オープン・シーン #7」のセリフに当てはめて演じてください。あなたが考えた設定か、設定①〜③のいずれかに集中してください。意味を考えようとしたり、セリフの辻褄を合わせようとしたりしてはいけません。

オープン・シーン #7

俳優A：草が伸びる。

俳優B：犬がいたよ。

俳優A：休みは楽しい。

俳優B：おなかすいた。

俳優A：時計。時間。

俳優B：小銭と財布。

第2章

動線をたどり、同じ動きを
再現するエクササイズ

Hitting Your Mark and Continuity Exercise

れでは、舞台の上やカメラの前で、決められた動線と
そ　立ち位置に従って小道具を扱う練習をしてみましょう。
後で短いシーンの例題をいくつか挙げます。第1章の**オープ
ン・シーン**と同じように、強く心に訴える選択肢を選んでく
ださい。

　例題のセリフを言いはじめる前か、セリフのなかのある言
葉を言う瞬間、または「間」で沈黙しているとき、あるいは
セリフを最後まで言い終わったときなど、いろいろなタイミ
ングで、次のことをしてください。

　①舞台や部屋など、演技をする場で、A地点からB地点（「バ
　ミリ」があるところ）まで行きます。「バミる」とは、立ち位
　置を指定するために床に目印のテープを貼ることです。
　②B地点に置かれている物や小道具などを手に取ります。
　あるいは、なんらかの小道具を持ってA地点から歩きはじ
　め、B地点で止まり、そこに小道具を置きます。

　このエクササイズですることと同じように、プロの現場で
は、セリフを言うタイミングに合わせて動いたり、小道具を
手に取ったりするよう、監督や演出家から指示されることが
よくあります。セリフのなかの特定の言葉や、特定のタイミ
ングで動作をするように指示されることもあります。あなた
は俳優として、また、キャラクターとして、求められる動き
が自然にできなくてはなりません。

　小道具をどのように扱うかは俳優にゆだねられています。
ぜひ、自分で何度も練習して慣れておきましょう。これは特

に、映像の演技では大切なことです。撮影中は、監督の指示どおりに小道具を手に取ったり、使ったり、置いたりする動きを何度も同じように繰り返す能力が求められるからです。

　映像では、いろいろなカメラアングルや被写体のサイズを使い、複数のテイクを撮影します。被写体であるあなたは、どのテイクでも同じ動きをしていなくてはなりません。それは「つながり（コンティニュイティ）」を維持するためです。「つながり」の大切さは、映像を編集する段階でよくわかります。たとえば、あるセリフを言いながらグラスを手に取る場面があるとしましょう。どのテイクでも、俳優は同じセリフの同じところでグラスを手に取ります。それらのテイクを編集で見比べて、ばらばらにカットしたものを時系列で並べ、一連のセリフと動きをなめらかにつなぎ合わせます。テイクによって俳優の動きやタイミングがまちまちであれば、編集でつなぎ合わせるのが難しくなります。動きが一貫している俳優は編集しやすく、監督からも編集担当のエディターからも好かれます。舞台でも映像でも、演出の指示を汲み取って、すぐに動きが調整できる俳優は重宝されます。

　ほとんどの場合、俳優は台本に書いてあるとおりにセリフを言うことが求められます。ですが、即興（アドリブ）を求められる場合もあるかもしれません。シーンをいきいきと、独創的にするために、その場の流れにまかせて直感的に演じましょう。アドリブですから制約はありません。いろいろと自由に試してみてください。

　では、**シーン**の例題を挙げます。セリフはまったく変えず、動きのディテールのほうに気を配りながら動作を付けてくだ

さい。キャラクターを設定したら、1つのキャラクターで複数のバリエーションの演じ方をしてみましょう。それができたら、今度は同じシーンの内容を即興で演じてみてください。自然の流れにまかせ、直感に従い、アドリブで演じます。

　これらのシーンでは、セリフを言う俳優は1人だけとなっていますが、相手役を1人または複数人設定して一緒に演じてもかまいません。あなた1人でも演じてみても、もちろん大丈夫です。

　映像の演技を練習する場合は、これらのシーンをワイドショット（全身が映るような広い構図）、ミディアムショット（上半身が映るような中ぐらいの構図）、クローズアップ（バストアップや鎖骨から上が映るような構図）の3種類のサイズで撮影されていると想定してみましょう。画面のなかでのあなたのサイズを意識して動きを調整し、演技をしてください。

🎬 **シーン #1**

俳優：全部なくした。（間）置き場所を書いたメモもなくした。（間）何もかもなくしちゃった。

🎬 **シーン #2**

俳優：無理だよ。（間）必死でやったけど。（間）もう通用しない。

🎬 シーン #3

俳優：いつだって同じ。（間）あなたは止めたよね。そのとおりにすべきだった。（間）あなたの言うこと、聞かないでよかった。

🎬 シーン #4

俳優：今日はいい日。（間）いや、いい日じゃない。まったく。（間）でも、いい日なのかもしれない。

🎬 シーン #5

俳優：いいね。最高。（間）本当かなって、まだ思ってるけどね。（間）最悪。ひどい。

🎬 シーン #6

俳優：信じられない。（間）そんなこと言ってない。（間）違うでしょう、そんなの。

第3章

俳優のワークシート

Actor's Worksheet

──私はいま、どこにいるか？

....
....
....
....

──私はいま、誰に向かって話しているか？

....
....
....
....

──その人または人々について、私はどう感じているか？

....
....
....
....

──このシーンが始まる直前に、何が起きたか？

....
....
....
....

——このシーンで起きようとしていることは何か？

....
....
....
....

——私に起きていることは何か？

（私はいま、何を体験中なのか？）

....
....
....
....

——私は何を求めているか？

（私が必要とする「ニーズ」は何か？　私の目的は何か？）

....
....
....
....

——このシーンのなかで、私はどう変化するか？

....
....
....
....

――キャラクターが置かれたシチュエーションや人間関係や体験について、私は俳優として、似たような実体験を思い出して使えるか？　キャラクターが置かれたシチュエーションや人間関係や体験について、私は俳優として、どんなディテールが付け足せるか？

（自分や特定の誰かのことを、具体的に書かないようにしてください。記憶を引き出すキーワードだけをメモします。たとえば、「たくさんの本を抱えて廊下を歩いていたら、ルーに本をはたき落とされた。私は泣いてしまい、みんなは私を見て笑っていた」というような出来事は書かず、「高校の廊下」とだけメモします）

....

....

....

....

....

....

第 4 章

俳優のワークシート
上級編

Advanced Actor's Worksheet

あなたが演じるキャラクターについて、さらに多くの可能性を探るために質問をしましょう。質問は無限に生まれてくるはずです。また、一つひとつの質問について、ずっと考え、掘り下げたくなるかもしれません。答えを得たら、それを紙に書くか、声に出して言ってみましょう。

　人生のいろいろな話題について、私たちはとめどなく語ることができます。過去の出来事を話したり、自分の信念について説明したり、未来への希望や抱負を語ったりするでしょう。あなたはそれと同じように、自分が演じるキャラクターについても語れなくてはなりません。キャラクターのことを知れば知るほど、あなたの演技はリアルになります。

　キャラクターがどういう人物か、ある程度は脚本家から教えてもらえるかもしれませんが、俳優にとって必要な情報がすべてそこから得られるわけではありません。ハムレットを演じるとしたら、作者のシェイクスピアがセリフのなかで言葉として出している情報から「ハムレットは大学で学んでいる」ということがわかります。でも、脚本のどこを見ても、何を学んでいるかは書かれていません。演じる俳優が決めなくてはならないのです。

　次に、いくつかの質問を挙げます。キャラクターの視点に立って答えてください。たとえば、「好きなことはなんですか？」という問いに対して、「本を読むのが好きです。1冊を読み終える前に、次の本を選んでいます。図書館で何時間も過ごすこともあります。一度、図書館にいたときに……」というように、どんどん想像を続けましょう。

　どう答えるかはあなたの自由です。楽しみながら、面白い

答えを選んでください。後で考えが変わっても、心配はいりません。最終のリハーサルや最初の本番の直前までなら、いくらでも変更するチャンスがあります。

▶家庭での暮らし

①あなたは親と同居していますか？　1人の親か、あるいは両親と一緒に住んでいますか？　祖父母は？　ほかに、同居している家族は？

②同居しているその家族とは、どんな関係ですか？

③きょうだいはいますか？

④そのきょうだいとは、どんな関係ですか？

▶社会生活

①友人はたくさんいますか？　複数の友人のグループがありますか？　1人の友人と深く付き合うことがメインですか？　1人でいるほうが好きですか？

②友人たちがいるなら、その人たちとはどのような関係ですか？

③あなたは人が好きですか？

④人に話をするのは好きですか？

▶学校

①学校は好きですか？

②あなたはよい生徒ですか？

③学校で問題を起こしたり、問題に巻き込まれたりしたことはありますか？

◉仕事

①あなたは仕事をしていますか？

②しなくてはならない家事はありますか？

③自分の仕事や家事について、どう感じていますか？

◉課外活動

①楽しんでやっていることはなんですか？

②あなたはスポーツをしますか？

③趣味はありますか？

◉宗教観

①あなたは宗教について、どんな見方をしていますか？

②あなたの宗教観は、家族と同じですか？　仲間と同じですか？

③あなたは自分の宗教観を、周囲に対して表現しますか？

◉政治についての考え方

①あなたは政治について、どんな見方をしていますか？

②あなたの政治観は、家族と同じですか？　仲間と同じですか？

③あなたは自分の政治観を、周囲に対して表現しますか？

　時が経てば人は変わります。私たちが7歳の頃と12歳の頃とでは、周囲の状況や感じ方など、変化した面がたくさんあるでしょう。あなたの人生では、何が変わりましたか？

また、外見の変化は自分にも周囲の人々にも影響を及ぼします。あなたの外見や服装が変わったことによって、人に否定的な見方をされたり、逆に好意的に見られたりしたことはあるでしょうか？

第 5 章

脚本を読み込むための
コンセプト

Concepts

こ の章には、やや複雑な内容が含まれています。意味が
つかめるまで、何度か読み返す必要があるかもしれま
せん。12歳以下の生徒には伝えていない内容もあります。

サブテキスト

　台本に書かれている言葉は、いわば「氷山の一角」です。
あなたが力を注ぐべきものは、水面よりも下に隠れている、
キャラクターの内面を作ることです。俳優の仕事はキャラク
ターとして舞台の上で何かを体験し、キャラクター自身の目
的を果たそうと行動することです。それがもっとも大切な根
本であり、台本に書かれている言葉は二次的なものだと捉え
てください。

　実際の生活にも同じことが当てはまります。人は口で何か
を言いながら、心のなかで別のことを思っている場合がある
でしょう。ひどい知らせを聞かされた後で、誰かに「元気？」
と尋ねられて「うん、元気」と答えることだってあります。
口で言っていることとは別に、隠れている本心があるのです。
その隠れた本心は、演技では「サブテキスト」と呼ばれます。
たとえば「帰らないで、いてくださいよ」と相手に言いなが
ら、「帰ってもらいたいな」というメッセージを伝えようと
していたりします。言葉に反映されていない考えや気持ちや
要望が、サブテキストなのです。

　キャラクターの内面と目的を理解するまで、サブテキスト
を理解することはできません。

キャラクターの内面

　キャラクターの内面は、あなたが演じるキャラクターの体験であると言えます。そのキャラクター本人にとっての現実だとも言えるでしょう。キャラクターの内面を探るには、何を考え、どのように感じ、何を体験しているかを正確に絞り込みましょう。たとえば、「私はチェスの試合に勝つときに大きな喜びを感じるので、できればどんなことをしてでも勝ちたい。私にもっとチェスの才能があったらいいのに。もっと頑張らなくちゃだめだ。悲しいな」というような感じです。または、「とにかくここから出たいよ。クラスの人たちがイヤでたまらない。腹が立つ。息が詰まりそうだし、胃がムカつく。でも教室にいないと、大事な話を聞き逃してしまう」というように。

　キャラクターの内面を理解し、自分と観客にとってリアルに感じられるように表現するのが俳優の仕事です。「私が演じるキャラクターは、どんなことを体験しているのだろう？」「キャラクターに何が起きているのだろう？」「キャラクターは現実をどう捉えているのだろう？」これらの問いについて考え、キャラクターの内面を探ってください。このときに、キャラクターの名前を主語にするのではなく、「私」や「僕」といった一人称で考えると役に立ちます。つまり、「僕はいま、何を体験しているのだろう？」というような問い方です。

キャラクターの目的

　人はいつも、何かを求めています。それは「食べ物がほしい」や「住む場所がほしい」など、基本的な衣食住に関する欲求かもしれません。あるいは、「人に受け入れてもらいたい」や「魂の自由がほしい」など、少し複雑な望みかもしれません。「私は何がほしいのだろう？」「私に必要なものはなんだろう？」「ほしいと思っているのに、まだ手に入れていないものはなんだろう？」「ほかのキャラクターの行動のなかで、私が「イヤだな」と感じることはあるだろうか？」「ほかのキャラクターにしてもらいたいと思っているのに、してもらえないことはあるだろうか？」

　これらの問いはみな、あなたの目的を知るために役立ちます。「目的」と「必要としているもの（NEED）」と「ほしいもの（WANT）」という用語が、演技の世界では頻繁に使われます。

　いくつものシーンが連なる舞台劇や映画のなかで、あなたのキャラクターは物語全体における最終的なゴールや目的を持っています。また、シーンという単位でも、そのなかで果たしたい、はっきりとしたゴールや目的を持っています。そして、シーン単位と物語全体とで、キャラクターのゴールや目的には一貫性や関連性があります。

　あなたが出演する舞台劇や映画（短編でも長編でも、長さは問いません）がシーンや幕に分かれた構成になっていなくても、あなたのキャラクターは全体を通して目指す目的を持っています。物語の流れのなかの、どこでキャラクターの目的が切

り変わるかを探しましょう。たとえば、あなたのキャラクターは母親と会話をし、母親は退場。次に、妹が登場して会話をするとします。この場合、母親と妹のそれぞれに対して、キャラクターは異なる目的を持って接するはずです。

　キャラクターの目的は、積極的ではっきりしていなくてはなりません。「ピザが食べたい」「学校で、新しい友達のグループに入れてもらいたい」というように、はっきりとした望みを設定してください。

ビートとアクション

　1つのシーンでも、モノローグでも、文脈が切り替わる境目が存在します。その境目までのひとまとまりを「ビート」と呼びます。ビートの区切りでトーンが変化し、アクションが変わります。アクションとは、キャラクターが目的を果たすために用いる作戦や手法です。アクションは「アクション動詞」で表すことができます。

　私の目的が「ピザをもらうこと」なら、私はキッチンに行ってお母さんにピザがほしいと**懇願する**でしょう。「お母さん、ピザが食べたいんだけど。いい？」もしお母さんがダメだと言ったら、私は**すねる**でしょう。「頼んでも、いつも聞いてもらえない」。お母さんが聞いてくれないなら、私は**叱る**でしょう。「お母さんはひどいよ。みんな、お母さんは意地悪だって言ってるよ」。また、私はお母さんに**罪を着せる**でしょう。「いい子にしているのに、こうやってわざと飢えさせるなんて、まるで犯罪だよ」。それでもダメなら、お母

さんを**脅す**でしょう。「児童相談所に連絡するよ。やさしい里親が見つかるといいな。お母さんが責められても知らないからね」。私はほしいものを手に入れるか、手に入れないか、どちらかの結果にたどり着き、シーンが終わります。ピザをもらうには、ちょっとおおげさかもしれないですね。しかし、目的のものを手に入れるためにいろいろな作戦やアクションを使う例としてはわかりやすいのではないでしょうか。「**懇願する**」「**すねる**」「**叱る**」「**罪を着せる**」「**脅す**」といった、はっきりとした選択がなされているため、シーンに説得力が生まれます。このピザの例は、コメディとしてはよいでしょう。

　単調でくどい演技から脱却したいなら、「ビート」で区切ってみてください。何かがほしいと思ったら、誰だって、いろいろな方法を考えて使います。お母さんに「ピザが食べたい」と何分間もずっと同じように頼み続けたら、とんでもなくつまらない劇になってしまうでしょう。ニュアンスをどんどん変えるほうが面白く、見ていて楽しい演技になります。優れた書き手はそれを熟知しており、キャラクターの目的とビートとアクションの切り替わりや変化を意識して脚本を書いています。書き手の意図を汲み取り、脚本をしっかりと分析してください。

　目的やアクションがはっきりとしていれば、すぐに演技で表せます。何かを「**懇願する**」ときにはどういう動きをするか、私はよくわかっていますから、考えなくても即座に演技で表せます。多くの人が伸び悩むのは、そこまで絞り込まずに、漠然とした目的やアクションを選んでしまっているから

です。たとえば、「お母さんにピザの話題を振る」「ピザがほしいとお母さんに言いに行く」というのは、漠然とした、弱い目的です。あまりにも「普通」ですし、特徴がありません。それよりも、「お母さんにピザを出させるために、プレッシャーをかける」などとする方がよいでしょう。あなたが納得できるような表し方で、目的とアクションを絞り込んでください。強くて鮮やかな選択肢を選べば、強くて鮮やかな目的が生まれます。

　キャラクターの目的を考えるときは、キャラクターの内側にある欲求にも目を向けてみてください。そこには「どうしてもピザが食べたい。おなかがぺこぺこだ。もしピザを食べなかったら倒れてしまう」というような、内面の欲求があるかもしれません。

　人間関係に注目し、そこから目的を考えることもできます。たとえば、「絶対にお母さんからピザをもらいたい。私を助けてくれるのは、お母さんだけだから」とキャラクターが感じるような関係性です。

　あなたの態度がはっきりすれば、あなたのアクションもはっきりします。「お母さんがピザをくれないなら、すねる」のアクションは**「すねる」**です。床に座って腕組みをする、といった動きが思い浮かぶでしょう。相手にはたらきかける動きもあります。「私はお母さんに、ピザがほしいと懇願する」なら、アクションは**「懇願する」**です。椅子の上に立って両手を合わせるなど、いろいろな動きが思い浮かびます。

　いずれにしても、あなたは相手に対して何かを求め、相手の反応次第であなたの次のアクションが決まります。つまり、

相手の反応によって、あなたの次のビートが決まるのです。あなたは相手にはたらきかけ、はたらきかけられた相手はあなたにはたらきかけます。そのラリーを続けていって、シーンの終わりや作品のエンディングが訪れる頃には、ほしいものが手に入るか、手に入らないかという結末が明らかになります。

　ビートの切り替わりは、文脈やトーンが変化する「境目」だと最初にお伝えしました。つまり、ビートとはアクションである、と言い切ることができます。短いもの、長く続くものなど、ビートの長さはさまざまです。セリフが1行だけでビートが切り替わることもあれば、3ページほどにわたって同じビートが続くこともあるでしょう。

　アクションは、次のような言葉（アクション動詞）で端的に表現できます。演技に使えるアクション動詞はほかにもたくさんあります。

上げる　援助する　教える　脅す　ガイドする　解剖する
教育する　強化する　強制する　議論する　啓発する
権威を与える　検証する　叱る　指揮する　刺激を与える
指導する　ジャッジする　修正する　修復する　助言する
知らせる　説教をする　楽しませる　忠告する　仕える
罪を着せる　提出する　訂正する　テストする　手伝う
捕える　慰める　認証する　破壊する　はぐくむ　励ます
恥をかかせる　反抗する　批評する　変容させる　褒める
任せる　見下す　導く　持ち上げる
モチベーションを与える　擁護する　リードする

例

ストーリー全体での目的——ダンスのコンテストでの敗退を乗り越えて、前向きな気持ちに切り替えること。

シーンでの目的——お母さんにプレッシャーをかけて、ピザをもらうこと。

アクション——懇願する、すねる、叱る、罪を着せる、脅す

　目的とビートとアクションは、どんな映画や舞台劇にも組み込まれています。私たちの人生も、それと同じです。みな目的を持って行動し、区切りを経て、どんどん変化していきます。もちろん、そのようなことをいつも自覚しているわけではありません。キャラクター本人も、自分がどんな目的を持ってビートごとにアクションをしているか、自覚していないかもしれません。でも、そのキャラクターを演じる俳優は、それらをしっかり自覚して演技を作っていきます。

　1つのビートでどんなアクションをするかを決めたら、そのときのキャラクターの内面も分析してください。一瞬ごとにキャラクターがどんな体験をしているのか、あなたなりの解釈を深めていきましょう。

内面と目的とサブテキスト

　内面と目的とサブテキストの3つは密接に関わり合っています。キャラクターに生命を吹き込むには、これら3つのすべてが等しく必要となります。

「ピザを食べること」が目的なら、あなたの内面の状態（または、あなたにとっての現実）は「空腹」でしょう。おなかが空いているなら、目的も「お母さんに、無理やりにでもピザを出してもらうこと」というように、はっきりします。でも、台本のセリフはそのとおりの言葉でない場合も多く、「もう二度と食べられなくたって、いいや」というように、本心とは正反対のことが書かれているときもあります。その言葉に表れていないサブテキストは、「いますぐピザを食べなきゃ、空腹に耐えられない」といったものでしょう。

　キャラクターの感情になりきって演じようとするのは避けてください。台本を読みながら、自然にキャラクターの感情を感じ取る部分はあるでしょう。でも、それを演技で表そうとすれば、わざとらしい感情表現になり、おおげさで、ひどいものになります。

　キャラクターの内面を掘り下げ、目的とサブテキストを探すのは簡単ではありません。じっくりと考え、リハーサルを重ねて見つけていってください。たまたま、すぐにわかるときもあるでしょうが、「これが正解」と言えるものはありません。あなたが納得できて、うまく実行できるものを見つければよいのです。2人の俳優がハムレットを演じれば、2通りの解釈によるハムレットが誕生するでしょう。たとえば、1人は「もともと精神が不安定だったハムレットが、物語を通して精神を破滅させていく」と解釈し、もう1人は「父を亡くし、母は叔父と再婚したが、ハムレットは精神を病んではいない。だが、叔父が父を殺したと知ってから、狂気に陥りはじめる」と解釈することもありえます。どちらの場合も、

その解釈がうまく成立していれば問題はありません。

　まず、何を最初にはっきりさせればよいのでしょう？　キャラクターの内面を最初につかめばよいのでしょうか？　それとも、まず、目的をはっきりさせるべきでしょうか？　これは非常に大切な問いですから、もう少し後で詳しく述べていきます。前にも書いたとおり、キャラクターの内面と目的がわからない限り、サブテキストを理解することはできません。

第6章

演技のためのガイダンス

Guidance

その瞬間に存在する

　キャラクターを演じるために考えて選んだことを信じましょう。演じているとき、あなたは「その瞬間に存在」しています。自分が何を選んだかを考えてはいません。シーンで与えられている状況を、あなたはすべて理解しています。「私は誰か」「私はどこにいるか」「何が起きようとしているか」「シーンに出てくる人たちと私はどんな関係か」といった設定が、全部把握できています。あなたはキャラクターの内面も知っており、はっきりとした目的に向けてアクションをします。シーンのサブテキストもわかっています。あらゆる情報を吸収し、そのリアリティを信じています。あなたはそれらの情報に従い、舞台の上やカメラの前で動きます。あなたはキャラクターになり、「その瞬間に存在」します。

　演技中に、与えられた状況のことを考える余裕はありません。あなたが選んだ選択肢やディテールも、思い出す暇はありません。情報があまりにも多すぎるからです。演技とは、キャラクターとしてその場を体験することです。それは、頭で考えながらできることではありません。「その瞬間に」存在するとは、キャラクターになりきって相手に耳を傾け、反応することを指します。

　シーンを始める前に、キャラクターに入るための準備をしましょう［→第7章］。シーンを演じているあいだ、あなたはずっとそのキャラクターであり、一緒に登場する人物たちに耳を傾けています。相手が発する言葉や、言葉以外の何かによって伝えられることに、あなたは反応します。言葉であって

も、言葉でないものであっても、あなたに対して伝えられる
ものはあなたに影響を及ぼし、次のビートへと駆り立てます。
　人が何かを追い求めるのは、内面に何かがあるからです。
そうして、他者からなんらかの反応を得て、それに影響を受
けます。たとえば、ある映画のキャラクターが「両親は自分
のことを不真面目だと思っているから、読書感想文でよい点
数を取りたい」という目的を持っているなら、内面が受ける
影響と変化は次のようになります。

「僕は一生懸命頑張っていると、内面で考えている。でも、
　尊敬する国語の先生の反応は、とても厳しい。それを見て、
　僕は両親にも、先生にも、僕の力を認めてもらいたいと思
　うようになった。僕は頭だって悪くないし、努力もしてい
　る、と内面で思っている。その努力の結果、学校でいい成
　績がとれた。僕は内面で誇らしく感じる。そこで、僕は新
　しい目的を目指そうと思った。それは「読書感想文でよい
　点数を取ること」だ。僕は真剣に読書感想文を考えて書き、
　提出した。でも、先生は僕の感想文に悪い点数を付けた。
　先生の反応は、まったくよくなかった。そこで、僕は先生
　に直訴するアクションに出た。先生を敬う態度を保ちなが
　ら、僕が自分なりの分析力を使って感想文を書いたことを
　訴えたのだ。僕の説明を聞いていた先生は、だんだん、僕
　の感想文がとても独創的だと気づきはじめた。その結果、
　先生は点数を上げてくれた。僕は、いい点数が付いた感想
　文をコピーして、その日の夕食の席で家族みんなに配り、
　見てもらった」

キャラクターを批判しないこと

　キャラクターが善か悪かを判断しないようにしましょう。人はみな、よいと思うことを行動に移します。自分が正しいと思って行動しているのです。あなたが俳優として第三者的にキャラクターを見たときに、キャラクターがよくない意図を持って悪事をはたらいていれば、それが悪いことだと即座にわかるでしょう。そうだとしても、キャラクター本人の立場に立って、「自分は正しいことをしている」と信じていなくてはなりません。自分が間違っていると自覚しているキャラクターもいれば、善悪などおかまいなしに破滅的な行動に走るキャラクターもいます。どれだけ自覚できているかが、キャラクターの深みを左右します。

　映画『ゴッドファーザー』のマイケルは、最後の場面で妻ケイに嘘をつきます。とうとう彼は人としての道を踏み外してしまいました。マイケルはそれを自覚しているでしょうか？　観客として映画を見ると、「自分の奥さんまで裏切るとは、なんてひどい男だろう」と感じます。しかし、俳優として捉え直すと、彼の嘘は、善良な市民だったマイケルが、冷酷で狡猾なマフィアのドンに変身を遂げた決定的な証拠としてのアクションだとわかります。それが「人として間違っている」とどの程度自覚しているかは俳優自身の解釈次第ですが、そこに「マイケルは悪人だ」という決めつけが入る余地はありません。彼がその立場に立たされてしまったことと、なんとしても家族を守らなくてはならないことを、俳優は理解しなくてはならないのです。家族を守るために、妻に嘘を

つく必要があるのなら、マイケルはそうしなくてはなりません。

　キャラクターへの理解を深め、好意的なまなざしをキャラクターに注いでみてください。キャラクターに共感し、思いやりを持ってみるのです。マイケルを演じるなら、彼を理解し、彼の心情に寄り添う必要があります。彼が置かれた立場がいかに複雑であるかがわかり、なぜあのように危険で非情な行動に出るのかもわかるでしょう。

脚本の分析とリハーサル

　「脚本の分析」と「脚本のブレイクダウン（分解）」は俳優の世界でよく使われる用語です。

　まず、脚本を何度も読み返します。できれば、時間はたっぷりと費やしてください。初めて読んだときよりも、50回目に読むときのほうが、作者の意図に対する理解が深まっているはずです。

　初めて読んだときに受けた印象は、メモに書き留めておきましょう。以後、読み返すたびに、キャラクターの目的や内面についてのアイデアが徐々に浮かんできます。人間関係や外見の特徴にも気づきはじめるでしょう。

　アイデアがある程度まとまってきたら、あなた1人で、またはほかの人々と一緒にリハーサルをして、試験的に演技を実行してみてください。その準備として、自宅などで1人でシミュレーションをしておくことが、あなたの宿題です。たくさんの選択肢を実際に試してみて、もっともよいものを選

び、ほかの人々とのリハーサルで試してみましょう。よい感触を得たら、その選択肢を採用します。いまひとつしっくりこなければ、家に帰って別の選択肢を見つけ、再度、相手役たちとのリハーサルで試しましょう。舞台の初日や映画の最初のテイクまでに、あらゆる可能性を試して最善のものを見つけ、自信を持って臨めるようにしておいてください。

　脚本を読む段階のどこかで、自分のセリフを手書きするか、パソコンなどに打ち込んでみてください。「、」や「。」などの句読点は省きます。なぜなら、人がしゃべるときには句読点を意識しないからです。文法では、文の終わりに「。」や「？」を付ける決まりになっていますが、しゃべるときはそのようなルールを考えません。話している言葉を区切るのは息継ぎをするためか、考えをまとめるため、または感情の高まりが収まるのを待つためです。印刷された文から句読点を取り払えば、セリフが文法どおりにパターン化するのを防ぎ、自由に、自然に話せるようになるでしょう。台本の文に句読点があるのは、文面を見やすくするためにすぎません。キャラクターの声を見つけ、キャラクターの考えや気持ちを表現するうえでは、妨げになる可能性があります。

　自分のセリフを書き出すときは、ほかの人物のセリフの出だしの部分と最後の部分だけを書き添えておきましょう。きっかけとなる単語だけを覚えておけば、自分のセリフを言うところがわかります。それ以外のほかの人物のセリフを消しておくのもお勧めです。1人で練習するときに何度も読んだり聞いたりすると、相手の反応に慣れてしまって新鮮味が薄れるからです。1人で練習するあいだ、相手が何を言うかが

わからない状態にしておけば、リハーサルで「しっかり聞か
なきゃ」という気持ちになれます。

　ト書きはすべて削除します。ト書きとは、「ゆっくりと、
プールに向かって歩いていく」や「グラスをつかんで投げる」
というような、動きを指示する部分です。また、「怒って」「少
しほほ笑んで」というような感情表現を示すト書きもすべて
消してしまいましょう。舞台劇の脚本の場合は特に、以前の
公演で効果的だった表現をト書きとして追加したものが出版
されている場合が多いのですが、これからそれを演じようと
する俳優には役に立ちません。ト書きがあれば、作者の意図
がわかりやすくはなりますが、最終的にどう演じるかを決め
るのはあなたです。ですから、書かれているト書きは消して
ください。

　ハムレットの有名な独白の、一般的な句読点の打ち方をご
紹介します。オリジナルのテキストはもう存在していません。
現在出回っているのは、学者たちをはじめ、多くの人々が推
測をして句読点を付け加えたテキストです。

Hamlet: To be, or not to be—that is the question:

Whether 'tis nobler in the mind to suffer

The slings and arrows of outrageous fortune

Or to take arms against a sea of troubles,

And by opposing end them. To die—to sleep—

No more; and by a sleep to say we end

The heartache, and the thousand natural shocks

That flesh is heir to. 'Tis a consummation

Devoutly to be wish'd. To die—to sleep.

To sleep—perchance to dream: ay, there's the rub!

ハムレット「生きるか、死ぬか、それが問題だ。

どちらが立派な生き方か、

気まぐれな運命が放つ矢弾にじっと耐え忍ぶのと、

怒濤のように打ち寄せる苦難に刃向い、

勇敢に戦って相共に果てるのと。死ぬとは——眠ること、

それだけだ。そう、眠れば終る、心の痛みも、

この肉体が受けねばならぬ定めの数々の苦しみも。

死んで眠る、ただそれだけのことなら、

これほど幸せな終わりもありはしない！

眠れば、たぶん夢を見る。そう、そこが厄介なのだ」

（シェイクスピア作『ハムレット』野島秀勝訳、岩波文庫、2002年）

　この語りを読み、暗記するとします。シェイクスピアの作品では、もとの英文は弱強五歩格〔アクセントのない弱い音節の後に、アクセントがある強い音節がくる配置（格）を5回繰り返してリズムを作り出すこと〕という形式で韻を踏んでいますから、もちろん、それは念頭に置きます。強く発音するところと、そうでないところをざっと把握してから句読点を取り除き、まずスピーチを暗記します。韻の強弱を覚えたい場合は、そうしてもかまいません。どのようなテキストでも、句読点を取り払ってしまえば、一つひとつの言葉に対する見方が変わり、役立ちます。

To be or not to be that is the question whether 'tis nobler in the
mind to suffer the slings and arrows of outrageous fortune or to
take arms against a sea of troubles and by opposing end them to die
to sleep no more and by a sleep to say we end the heartache and the
thousand natural shocks that flesh is heir to 'tis a consummation
devoutly to be wish'd to die to sleep to sleep perchance to dream ay
there's the rub

生きるか死ぬかそれが問題だどちらが立派な生き方か気まぐれ
な運命が放つ矢弾（やだま）にじっと耐え忍ぶのと怒涛のように打ち寄せ
る苦難に刃向い勇敢に戦って相共に果てるのと死ぬとは眠るこ
とそれだけだそう眠れば終る心の痛みもこの肉体が受けねばな
らぬ定めの数々の苦しみも死んで眠るただそれだけのことなら
これほど幸せな終わりもありはしない眠ればたぶん夢を見るそ
うそこが厄介なのだ

　あなたが映画の撮影に臨む場合は、リハーサルの機会が非
常に少ないことを覚えておいてください。ですから、演技の
練習は、あなたが1人でいるときに念入りにしておきましょ
う。あなたがセットに到着すると、シーンの通しリハーサル
を数回して撮影、という場合が多いです。リハーサルをせず
にすぐ本番、という現場もあります。一方、たっぷりとリハ
ーサルをさせてくれる作品もあるでしょう。6週間のリハー
サル期間があり、週に3、4回キャストと会うことができれ
ばラッキーです。田舎の農場で1週間合宿をする、というよ
うなケースもあるかもしれません。そのような場合はリハー

サルや即興演技をしたり、キャラクターとしてお互いに手紙を書いたりするなど、いろいろな方法で役作りができるでしょう。

　脚本の分析のメモを書き込んだ台本のページの例 [図1] を挙げますので、参考にしてください。メモを書き込むときは鉛筆を使い、考えが変わったら消して書き直せるようにします。

　このテクニックは、どのような長さの題材にも使うことができます。モノローグや短いシーンの分解と、それよりも長い題材の分解との違いは、物語全体を通した目的の有無だけです。ただし、モノローグや短いシーンでも、そのなかでのキャラクターの目的は、必ず存在します。そこからさらに、細かいビートに分解することができます。

　脚本を分解するには、注意深く読み込むことが必要です。しっかりと練習を重ねていってください。

蛍光ペンと鉛筆とボールペン

　台本をもらったら、自分のセリフを蛍光ペンで色付けしましょう。セリフが覚えやすくなるという人もいますし、リハーサルやオーディションのときに、自分のセリフがすばやく見つかります。

　クラスに出席するときは、少なくともボールペンを2本と鉛筆を2本、持参しましょう。オーディションでも、リハーサルでも同じです。予備の筆記用具は必ず用意しておき、演出家や監督や先生の話をいつでも書き留められるようにしま

目的
・ピザを手に入れる。
　お母さんにピザをもらう。
・元気を出す。

内面
・この前のダンスコンテスト
・とてもがっかりした　打ちのめされた。
・優勝した友達がうらやましい。

シーン3

（マービンはキッチンにやってくる。お母さんは本を読んでいる）

| | | |

マービン　「晩ごはん、チキンとマッシュポテトなんだね。僕の大好物だ。ありがとう」

アクション
　↓
褒める

チキンと
マッシュポテトは大嫌い。

母　「どういたしまして。元気出してね」

マービン　「母さん、最高」

内面
本当のことではない。

母　「ありがと」

マービン　「元気が出たよ。母さんの言うとおりだね。時間はかかるだろうけど、世界が終わったわけじゃない。ピザを一切れ食べて、傷を癒やす時間をとるよ」

母　「だめよ、ピザなんか食べちゃ。もうすぐごはんなのよ」

懇願する

マービン　「お願い。ピザ大好きだから、それ食べて元気を出すよ」

屈辱を
感じる。

母　「あれは妹の分よ。残しておくからねって、あの子に言ったの」

マービン　「そう。じゃあ僕はもう終わりだね」

なんてひどい人生だ。

母　「おおげさね」

罪を着せる

マービン　「僕にはなんにもないんだ。ダンスのコンテストの参加票しかない。サッカーの参加賞の隣にでも貼っておくよ」

母　「マービン、本を読むか、映画でも見たら」

マービン　「体調が悪いんだ。なんだか気絶しそう。朝から何も食べてないんだ。血糖値が下がりすぎちゃってさ。助けて」

怖がらせる

絶対に信じてくれない。
実のところ、気分は最悪。もう限界だ。

※／はビートを表す

●図1

61

す。また、あなたが思いついたことも、忘れる前に書き留めてください。オーディション会場では、用紙に名前や連絡先などの記入が求められることがあります。このときは、ボールペンを使ってください。

リハーサルのテクニック

　リハーサルのテクニックには、自分1人で実行できるものや、キャストのなかのほかの俳優と一緒にできるものなどいろいろあります。まず、自宅などで時間を作り、あなた1人で練習してみましょう。役作りの大部分は、あなたが1人でいるときにおこないます。宿題として、自宅などで考えたことを、リハーサルのときに、キャストの俳優たちを相手にして試してください。それがうまくいけば、あなたが演じるキャラクターのさらに別の側面について、1人で練習をします。リハーサルで試していまひとつだったり、調整が必要だったりすれば、自宅でさらに見直しをしてください。具体的なテクニックをいくつか挙げておきます。

　①即興（アドリブ）演技をして、キャラクターとして思いつくことをなんでも言います。シーンの流れや、書かれている言葉に縛られず、自由に演じましょう。長さも気にせず、好きなだけ演技を続けてください。あなた1人で演じてもよいですし、ほかの俳優たちと一緒に演じることもでききます。

　即興演技をする前に、キャラクターの内面や目的、ある

いはシーンに登場するほかの人々との関係を模索するかどうかを決めておきましょう。時間と場所の設定は、台本にあるシーンと同じにします。または、台本にあるシーンの直前か、直後という設定でもかまいません。あるいは、台本のなかで話題には上るけれども、実際には描かれていない出来事を、即興で演じてみてもよいでしょう。物語が始まる前はどうだったか、終わった後はどうなるのかを想像して演じてみることもできます。

たとえば、あなたが演じるキャラクターは「去年学校で、みんなの前でつまづいて転んだ」と台本に書かれているとします。みんなは大爆笑し、キャラクターはいまだにそのことについてからかわれています。とても恥ずかしい出来事です。いまでも、そのために不安に襲われ、また転ぶのではないかといつも気にしています。あなたは俳優として、このキャラクターの内面に「身体が器用に動かせないのではないかという不安」があると決めたとしましょう。与えられた状況を眺めてみると、どうやらそれが目立つようです。そうすると、あなたはその不安を、自分のなかでリアルなものとして感じられるようにしなくてはなりません。このリアリティが、キャラクターの歩き方から人々とのやりとりの仕方まで、すべてにわたって影響を及ぼします。これを念頭に置けば、自宅でも練習ができるでしょう。

朝、出かける支度をするときにも、失敗しないように気をつけて動き、転ばないように気をつけながら動作をしてみます。さらに、このキャラクターになりきって、本棚を整理してみましょう。脚立に乗って、バランスを崩さない

ようにしながら、本棚の一番上の段に手を伸ばしてみると、どうでしょうか。次に、本を何冊か重ねて持ち、部屋を横切ってみましょう。スポーツウェアに着替えて、ランニングに出かけるとしたら、どうでしょうか。後ろ向きに走ってみたり、道を左右に移動してみたりしてみましょう。俳優の模索は無限に続きます。

　あなたにとっての目標は、「身体が器用に動かせないのではないかという不安」というリアリティを作り出すことです。また、身体を「不器用さ」に合わせて調整することも必要です。即興演技でつかんだことを取り入れ、ほかの俳優たちとのリハーサルで、何か面白い動きができるか試してみましょう。もしもうまくいけば、次はまた別の何かに注目して試してみてください。キャラクターになったときにはいつでも、それを再現して活かせるようにします。また、作品には書かれていない、キャラクターの以前の暮らしぶりも想像してみましょう。たとえば、走っていて転んだ経験があるとしたら、役作りに必ず活かせるはずです。

②シーンの流れに従って、台本の言葉とは別の言葉で言い換えます。これは「パラフレーズ（言い換え）」と呼ばれています。台本にある言葉に近いものを考え、自分の言葉に言い換えてください。1人で練習するときも、目の前に相手がいると想像してパラフレーズした言葉を言ってみてください。

③即興演技やパラフレーズで、キャラクターの内面のモノ

ローグ（心の声）を声に出して言います。キャラクターとして、自分の考えや気持ちを声に出して言うのです。キャラクターが体験していることや目的も、声に出して言ってみてください。また、ほかのキャラクターをどう思っているかも言ってみましょう。キャラクターのいろいろな側面や、本人を取り巻く状況を探ることが大切です。

　キャラクターが不器用な少年だとすると、家での練習として「食器洗い」をしてみるのもよいでしょう。食器を洗っているうちに、その少年が何を目的として動いているかなど、いろいろな気づきが生まれるはずです。気づいたことを、声に出して言ってみてください。

　「みんな僕が不器用だと思ってる。僕は不器用じゃない。ちゃんとできる。ここのところ、3日間は転んでいない。いや、不器用なのかもしれないな。いつも何かにぶつかるし、つまづくし、キャッチボールもへただし。不器用なんだ。身体がうまく動かないんだよな。手も思うとおりに動かないし。どうして、つまづいちゃうんだろう。お皿を欠けさせちゃだめだぞ。お皿を欠けさせないように。このお皿を欠けさせるなよ。慎重に扱うんだ。もっとゆっくり、注意してカウンターに置け。できたぞ。ほら、こんなふうにていねいにできるんだ。ちゃんとできるようになる。特訓しよう。みんなに不器用でないことを証明するんだ。わくわくしてきたぞ。心臓がドキドキする。やる気まんまんだ。ジェニーは僕を二度とバカにできないだろうな。もっといい友達でいたかったし、彼女が僕を笑いものにしなけ

ればよかったのに。ジェニーにも、みんなにも、僕が不器用でないことを証明してみせる」

　リハーサルのときに、内面のモノローグを相手役の俳優に向けて言うのも、よい練習になります。もちろん、相手には、あなたが内面のモノローグを言うことをあらかじめ伝えておいてください。キャラクターの目的を探すのがメインの課題となりますが、即興演技をしているうちに、ほかのいろいろな側面についても気づきが得られるはずです。

　このような手順を経てみれば、目的がはっきりし、内面を探ることができ、ほかのキャラクターに対する気持ちもわかるようになります。主に何に注目するかを1つに絞り、そこからスタートしましょう。

　俳優としてのあなた自身の内面のモノローグを声に出すことも可能です。たとえば、リハーサル中に「これはうまくいかない。このキャラクターが理解できない。どうしてこのキャラクターはここにいるのかな。出て行けばいいのに、なぜだろう。理由を探さなきゃ」というように。この場合も、その場に共演者や演出家や監督がいるなら、あなたが自分の内面のモノローグを話すつもりであることを、あらかじめ知らせておいてください。

④キャラクターとして日記を書いたり、キャラクターとして誰かのインタビューに答えたりするのもよいでしょう。リハーサルの期間には、いろいろな方法が使えます。

ブロッキング

　舞台や映画のロケーションで、どこへいつ動くかという動線を決める過程を「ブロッキング」と呼びます。動線に合わせて、小道具の配置や移動をどうするかも検討します。演出家や監督のなかには、紙に見取り図を描いて俳優に見せ、そのとおりに動いてほしいと指示する人たちもいます。逆に、見取り図などは俳優にいっさい見せず、まず自由に演技をさせて、動きをチェックする人たちもいます。あるいは、その両方をうまく組み合わせ、柔軟に対応する人たちもいます。ブロッキングの進め方には正解も不正解もありません。通常、ブロッキングは初日までに、あるいは最初のテイクの撮影までに確定させます。俳優はそれを記憶し、それに従って動けるようにします。

　舞台では、上手面や下手奥と言われたら、どこへ行けばいいかを知っておきましょう［図2］。動きがわかっていれば、台本に書き込む必要はありません。

第四の壁

　演技をするときは、客席に面する空間に架空の壁があると想定します。これは「第四の壁」と呼ばれ、俳優と観客とを隔てる境界線でもあります。

　舞台劇や映像のシーンが屋内に設定されている場合は、第四の壁として、その建物の壁があると想像して演じてください。屋外に設定されているシーンでも、第四の壁にはなんら

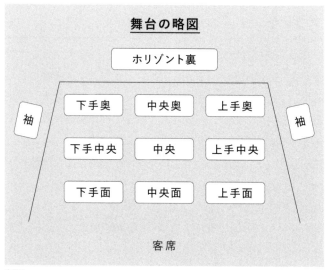

舞台の略図

ホリゾント裏

袖	下手奥	中央奥	上手奥	袖
	下手中央	中央	上手中央	
	下手面	中央面	上手面	

客席

●図2

かの風景などがあるはずです。ただし、屋外ですから、客席
の後ろの壁まで、その風景が広がっているでしょう。目線を
客席のはるか後方に向けると、地平線があるわけです。

　屋内、屋外のいずれの設定でも、観客に顔を向けるときは
目線をやや上にして、観客の頭を越えたあたりを見るように
しましょう。観客と目を合わせないようにしてください。た
だし、台本に「観客とアイコンタクトをする」や「観客に話
しかける」といった指示がある場合は、それに従います。映
像の撮影で、カメラ目線で演技をするときも同じです。観客
の目やカメラのレンズを直視することは「第四の壁を破る」
と呼ばれます。

立ち方の工夫

　観客やカメラに対して顔を隠さず、よく見えるようにするために、立ち方を工夫しましょう。相手役と向かい合って話すときにも、あなたの顔が客席やカメラに対して横向きや後ろ向きになって見えづらくなることを防ぐため、身体の角度を開いて立ちます。ほとんどの場合、客席に対して2人がハの字になるように、斜めの角度に開いて立つことが多いでしょう（英語では「チート・アウト」と呼ばれます）。

　舞台を横切って振り向くときは、客席に面する方向へ身体をターンさせてください。舞台奥のほうへターンすると、客席にお尻を向けてしまいます。

　相手役と話す演技では、ずっと相手に顔を向け続けているのが望ましくないときがよくあります。特に、あなたが客席に近いところ（舞台面）に立ち、相手が舞台奥に立つとき（英語では「アップステージする」と呼ばれます）は工夫が必要です。あなたが相手を振り返って客席に背を向けずに済むように、第四の壁に顔を向けてセリフを言うことも可能です。ときどき、少し振り返り、相手に顔を向けてもよいでしょう。相手役の俳優のほうを向いてやりとりを続けたら、観客からずっと顔をそらしたままになってしまいます。これを避けるために、通常は2人の俳優を舞台の面と奥に分けて配置せず、客席から見てできるだけ横並びにして、セリフをやりとりするようにします。

　逆に、あなたが舞台奥にいて、相手が舞台面にいれば、相手は観客に背を向けなくてはなりません。このようなブロッ

キングは、たいてい見栄えの悪いものになります。

　これらは絶対的なルールではなく、例外も存在します。ですが、自分や相手が客席からどう見えるかを意識して、自然に動ける感覚を養っておきたいものです。さらに、もう1つ、共演者を不利にする行為があります。相手がセリフを言っているあいだや、何かの動きをしているときに、あなたが動いたり話したりすることです。観客の意識はあなたに向けられてしまい、相手役の演技に集中できなくなります（英語では「スティーリング・フォーカス（観客の集中力を盗む）」と呼ばれます）。いつでもキャラクターとしてそこに存在するべきではありますが、ほかのキャラクターの邪魔をするような動きは慎みましょう。

演出家や監督

　演出家や監督の主な仕事は俳優にひらめきを与えて元気づけることです。キャラクターや作品について、彼らがあなたと同じような解釈をしているなら申し分ありません。キャストとして参加する前に、もし可能であれば、先方の解釈や捉え方を確認しておきましょう。もちろん、それができない場合もあります。演出する側とあなたのあいだに不協和音が漂えば、共同作業はたいへん難しくなります。自分の考えを押しつけるような風潮があるなら、結果はひどいものになるでしょう。相手の進め方を柔軟に受け入れて出演のチャンスをつかみ、自分の実績にできるようであれば、そうしてください。

第 7 章

演技に役立つテクニック

Acting Techniques

セリフの暗記

　記憶力のよい人は、脚本を一度読んだだけでセリフが頭に入ります。あとは脚本を見なくても、すらすらと言うことができるでしょう。セリフを覚えるのが苦手な人は、いろいろな方法を使って対処してください。何度も脚本を読むうちに、要領がつかめるはずです。

　セリフを暗記する方法をいくつか挙げておきます。

①書かれているセリフを見たら顔を上げ、台本を見ないで言ってみます。1人で実践してもよいですし、誰かと一緒に練習してもかまいません。

②台本のページの上に紙を重ねて置きます。その紙を徐々にずらしながら、ほかのキャラクターのセリフを読んでいきます。自分のセリフのところまで来たら、暗記して言えるかどうか試してください。言い終わったら、また紙をずらし、続きを読んでいきます。

③相手役のセリフを書くか、パソコンなどに入力します。自分のセリフが入る部分は空白にします。モノローグの場合は、あなたが語るセリフを全部書きましょう。

④相手役のセリフを音読し、ボイスレコーダーなどで録音します。あなたのセリフが入るところは無言にし、長めに間を空けておきます。録音が終わったら音源を再生し、相手役のセリフの合間に、暗記したセリフが言えるかをテストしましょう。

⑤台本を壁に貼り、読みます。立って声に出すと、覚えや

すいです。

⑥起床したときにセリフを読み、寝る直前にもセリフを読みます。日中のいろいろな時間帯にも、できる限り頻繁に読みましょう。

⑦これらと似た機能を持つアプリがあれば、使ってみてください。

セリフはしっかりと覚え込み、演技のときには考える必要がないほどにしておくことが大切です。次に何を言えばいいかを考えるのではなく、なぜそれを言うのかを考えるようにしてください。

「セリフを覚えるのはたいへんだ」と思う人は、記憶力を向上させましょう。プロの現場では、セリフは完璧に暗記しているのが当然だとみなされます。しかも、急に新しいセリフが追加されることもありますから、急いで覚えなくてはなりません。セリフは削除されたり、追加されたり、順序を変えられたりする可能性もあります。

記憶力を強化するには、モノローグや詩や、あなたが面白いと思うものから短い部分を抜き出して覚えることから始めてみてください。最初はごく短い部分だけを暗記し、1日のいろいろな時間帯に復唱します。それを毎日、1週間ほど続けます。それができたら、暗記する分量を増やし、短時間で覚えられるように練習してください。シェイクスピアの作品は素晴らしい言葉で書かれていますから、好きなセリフを選んで、ゆっくりと1年かけて暗記すれば、一生の宝物になるでしょう。簡単なテキストから始めて、あなたのペースで、

徐々に難易度が高いものに挑戦してください。

　セリフの暗記が簡単でも難しくても、抑揚やリズムを付けないようにしてください。その抑揚やリズムが癖のようになって定着してしまい、後で変えるのが難しくなります。ですから、暗記するときは感情を込めずに、棒読みで覚えましょう。皮肉なことに、セリフを覚えるのが得意な人は、この点で苦労します。読み方の癖を付けない練習が必要な場合がよくあります。

呼吸

　セリフの言葉ははっきりと、聞きやすい音量で話しましょう。そのためには、ブレス・コントロールが必要です。呼吸にはパワーが宿っています。

　適切なブレス・コントロールをするためには、横隔膜を意識した呼吸をしてください。横隔膜は肺の底にある、薄い筋肉の膜です。

呼吸のエクササイズ

横隔膜を働かせるために、次のエクササイズをしてください。

　①仰向けに寝ます。
　②膝は曲げて立てるか、まっすぐに伸ばして脚全体を床に付けます。
　③胃のあたりに片手をあて、もう片方の手を胸にあてます。

④鼻または口から息を吸います。

⑤息を吸ったときに、胃のあたりがふくらむのを手で感じてください。胸は動きません。

⑥鼻または口から息を吐きます。

⑦吐くときに、胃がへこむのを手で感じるかどうか確認します。吸うと、肺が空気で満たされます。吐くと肺はしぼみます。

⑧息を吸って、吐いて、を10回繰り返します。これを3セット、あるいはそれ以上おこないます。

⑨数をカウントしましょう。何回か忘れたら、最初からやり直します。

⑩息を吸い、吐きながら「あー」と声を出します。横隔膜の力で声を出してください。胸や喉に感じる振動は、ほんのわずかです。

⑪この呼吸法に慣れて楽にできるようになるまで息を吸ったり吐いたりします。横隔膜で自然に呼吸できる人もいます。少し練習が必要な人もいます。

横隔膜を動かしての呼吸に慣れたら、次のエクササイズをしてください。

①横隔膜の呼吸を立っておこないます。

②息を吸って10数えましょう。息を吐きます。吸って、また10数えます。吐きます。これを好きなだけ繰り返してください。

③声に出して、1から10まで数えます。発音を強調しなが

ら、はっきりと数字をカウントしてください。その際に、唇も大きくストレッチしましょう。好きなだけ繰り返してください。

④また1から10まで数えます。今度は音程をいろいろに変えてみてください。高い声から始めて徐々に低い声にしたり、低い声から始めて徐々に高い声にしたりします。高音から低音へ、音程を切り替えます。好きなだけ繰り返してください。

⑤息を吸い、息が保てる限り、数をカウントします。息が切れてきたら、無理をしないで中断してください。常にコントロールしましょう。息がどれくらい保てるかを意識してください。息が切れてきたら吸って最初からカウントするか、中断したところからカウントを再開してください。

ポイントは、自分の呼吸をコントロールすることです。ひと息で、できるだけ多くカウントしましょう。でも、急いで速く数えたり、無理に声を出したりしないこと。練習を重ねるうちに、自然にカウント数は増えていきます。

⑥息を吸い、1から10以上まで数えます。カウントしながら、声量をいろいろと変えてみてください。500席の劇場いっぱいに声を響かせるときの声量は、どうでしょうか。または、映像のクローズアップの撮影で、カメラとマイクがあなたの顔のごく近くにあるときの声量は、どれくらいが適切でしょうか。

⑦息を吸い、スピーチをします。本や雑誌に書かれている

文章など、内容はなんでもかまいません。自由に息を吸って吐きながら、選んだ文章を読み上げます。呼吸を使っていろいろと試してみましょう。ひと息でどれくらい長く話せるでしょうか。短い呼吸を続けながら、どれくらいコントロールできるでしょうか。

横隔膜を自然に使い、呼吸ができるようになることが目標です。普段から練習を重ねてください。

ブレスのことを考えながら演技はできません。あなたは、その瞬間に存在しているはずだからです。息継ぎが必要になったら息を吸いましょう。感情が高まり、多くの情報をひと息で言いたい衝動に駆られたら、そうしてください。逆に、少しの情報をひと息で力強く出さなくてはならないときも、きっとそれができるはずです。

センターに存在する

身体が緊張から解き放たれたとき、あなたは「センターに存在」しています。バランスが取れた状態です。センターに存在しているとき、あなたの身体は、求められる動きや発声をする準備ができています。

▶自分のセンターを見つける

次の手順に従って、あなたのセンターを見つけてください。

①両足を骨盤から下へまっすぐ下ろすようにして立ちます。

②目を閉じます。

③両腕は脇に自然に下ろします。

④足の親指の付け根のふくらみに重心を置きます。足の親指にやや重みを感じてください。

⑤両膝にぐっと力を入れて、ゆるめましょう。もう一度、両膝にぐっと力を入れて、ゆるめます。最後にもう一度、両膝にぐっと力を入れて、力を抜きっぱなしにしてください。

⑥あごを胸へと落とすようにして、頭をカクンと下げます。

⑦背骨の一つひとつを順に折るようにして、ゆっくりと前屈します。ウエストのところで上半身を折るような姿勢で、頭のてっぺんは床に向いています。両腕は床に付けるか、だらりと垂らしましょう。身体の柔軟性は問いません。床に手がつかなくても大丈夫です。

⑧両膝を楽にしましょう。背中を気持ちよくストレッチします。

⑨首に力を入れて頭を上げようとしていないかチェックしてください。もし力が入っていれば、頭がダランと下がるように脱力します。

⑩指を細かく動かします。手を動かします。腕を動かします。

⑪ゆっくり左右に身体を揺らします。

⑫揺らすのを止めてください。

⑬息を吐きます。好きなだけ呼吸を続けてください。

⑭準備ができたら立ち上がります。ゆっくりと、背骨の一

つひとつを起こすようにして、徐々にまっすぐに立ちます。
⑮膝は硬くしないで、リラックスさせましょう。
⑯骨盤は両脚の真上に、快適に乗っている感じです。
⑰両肩は後ろにそらさず、前にも偏らせないようにしましょう。
⑱あごは前に出さず、下に引きすぎないようにします。
⑲頭を背骨の上にバランスよく乗せます。
⑳あごをリラックスさせます。
㉑呼吸をします。

　前屈をしなくても、自分の身体のセンターが感覚的にわかることを目標にしてください。前屈をすると気持ちがいいですが、ここでご紹介したエクササイズはあくまでも、センターを探すための手順です。毎日の生活でも、常に自分のセンターに意識を置いてください。考えなくても自然にそうなっていることが必要です。
　センターに意識を置くことと、横隔膜を使った呼吸とは密接につながっています。横隔膜の呼吸ができなければセンターに意識は置けません。その逆もしかりです。

リラクゼーションと集中

　リラクゼーションと集中は演技の基本です。

● リラクゼーション
　リラックスした状態で演技をしましょう。身体に緊張がな

い状態で臨んでください。緊張は、演技にとって不要なエネルギーです。

　私たちはみな、ある程度の緊張をもって過ごしています。私たちの筋肉は、うれしいことや不愉快なこと、気分が高まる状況や気まずさを感じる状況などに反応します。何かの出来事があって大喜びしたり、恐怖を感じたりするときも、筋肉がぎゅっと硬くなります。そうなるのは自然なことです。

　俳優としては、キャラクターが体験していることを自然に表現したいものです。ですから、自分自身の緊張はゼロにしておいてください。

▶集中

　集中すべきときには、すぐに集中力を高めて維持できるようになりましょう。

　俳優は集中力を自在に操る能力を持っています。リハーサルや本番で集中力を発揮し、自分が選んだシチュエーションや関係をしっかりと把握し、進むべき方向へと進みます。そうした力が自分にあることを信じ、安心できているから、無駄な緊張を手放してその瞬間に存在できるのです。

▶リラクゼーションと集中のエクササイズ

　緊張を解き放って集中するのに役立つエクササイズを挙げます。

　①自分のセンターを見つけ、意識の中心をそこに置いてください。呼吸をします。

②目を閉じましょう。

③朝起きてからいままでのことを思い浮かべてください。

④いままでにあなたが考えたこと、肌に触れたもの、味わったもの、においを感じたもの、聞こえたものを思い出しましょう。なんでもかまいません。できるだけ具体的に、思い出してください。

⑤いま、聞こえる音に耳を傾けてください。それらの音を受け入れます。このエクササイズをしているあいだに騒音が聞こえてきたら、それも受け入れます。クラスやリハーサル、オーディション、本番中でも、突然どこからか物音がすれば、それを受け入れます。床の振動や、天井が揺れるのを感じるかもしれません。どこからか、食べ物のにおいがしてくるかもしれません。視界の隅に何かが見えるかもしれません。何が起きるかはわかりません。何が起きようとも、それを受け入れてください。

⑥いま、どんな気持ちですか？　よい気分ですか？　いやな気分ですか？　暑いですか？　寒いですか？　疲れていますか？　おなかが空いていますか？　痛いところはありますか？

⑦今日の予定はなんですか？　今日は何を食べますか？　どこへ行きますか？　楽しみにしていることはありますか？　心配なことはありますか？

⑧先週のことを思い出しましょう。うまくいったことはなんですか？　うまくいかなかったことはなんですか？

⑨明日は何をしますか？　楽しみにしていることはありますか？　いやだなと思っていることはありますか？

⑩いつもはだいたい、どんなことを考えていますか？　何かをめぐってわくわくしたり、楽しみにしたりしていますか？　何かをめぐって不安になったり、心配したりしていますか？

⑪集中力を邪魔するものは、かなりたくさんあることがわかりました。それらの邪魔については、後で考えましょう。夕食を何にするか、心配事をどうするか。それらはクラスやリハーサル、オーディション、本番が終わった後で考えればよいことです。あなたは好きなだけ、集中力を保つことができます。

⑫演技をしているあいだに考えごとをしてしまい、気が散るかもしれません。それはしかたのないことです。その考えごとを、演技に組み込んで活かせる可能性もあります。あるいは、考えごとをした瞬間から、集中力がそれてしまう可能性もあります。でも、いまやあなたの脳は、自分に何が起きているかが、ちゃんとわかるようになっています。気を散らせるものはそのままにしながら、意識をその瞬間からそらさずに演技が続けられるようになります。

　このエクササイズは、書かれているとおりに実行してもよいですし、順序や言葉を変えてもかまいません。朗読して録音し、それを聞きながら練習してください。

緊張を解き放つエクササイズ

緊張をほぐして解き放つためのエクササイズです。

①自分のセンターを見つけてください。
②つま先に力を入れます。
③ふくらはぎに力を入れます。
④太ももに力を入れます。
⑤お尻に力を入れます。
⑥おなかに力を入れます。
⑦胸に力を入れます。
⑧両手に力を入れます。
⑩肘から肩に力を入れます。
⑪両肩に力を入れます。
⑫首に力を入れます。
⑬顔に力を入れます。
⑭全身に力を入れます。
⑮力を抜きます。
⑯「あー」と声を出しながら、長く息を吐きます。
⑰つま先から顔まで、すばやく力を入れます。脱力します。
声を出しながら息を吐きます。

準備

　リハーサルの前に、身体と精神と声の準備を整えましょう。オーディションや本番の前も同じです。家でも、学校でも、劇場や映画の撮影現場でも、準備は欠かせません。所要時間はまちまちです。30分は必要だというときもあれば、5分で済ませるときもあるでしょう。

　①自分のセンターを見つけます。
　②リラクゼーションと集中のエクササイズをします。
　③緊張を解きます。
　④発声のチェックをします。
　⑤キャラクターに入ります。
　　❶自分が選んだ選択肢について考えます。
　　❷キャラクターの内面について考えるべきことがあれば、考えます。

　リラクゼーションと集中、発声に役立つエクササイズはたくさんあります。たいていのエクササイズにはバリエーションがあります。最終的には、あなたの好みに合っていて役に立つかどうかで判断してください。

アクターズ・マップ（俳優の地図）

　次の図3では、俳優と演技表現の要素をまとめて並べ、その関連性を示しています。俳優に関するものを配置した、アクターズ・マップ（俳優の地図）です。

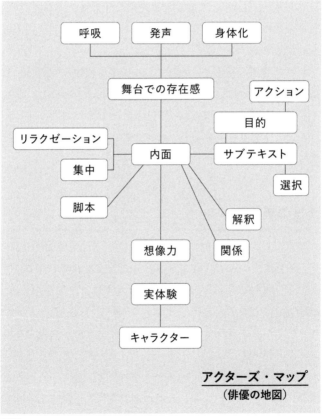

アクターズ・マップ
（俳優の地図）

●図3

「何から考えはじめればいいか？」

　「何から考えはじめればいいか？」というのは、たいへん根本的な質問です。この問いをめぐる議論は以前からなされてきましたし、これからもずっと続くでしょう。「まず、キャラクターの内面を作るべきか？」あるいは「キャラクターの目的と、人間関係と、身体的な特徴を先に考えるべきか？」何から始めるか、という問いの先にあるのは「何が一番大切なのだろうか？」という疑問です。

　それに対する答えは、それぞれの俳優や演出家や監督、演技講師や理論家によって異なります。結局、自分なりに試してみて、自分なりのアプローチを見つけなくてはなりません。誰かにとって効果的な方法が、ほかの人にも当てはまるとは限らないのです。

演技のテクニック

　歴史のなかで、初めて俳優を舞台に上げたのは紀元前500年、古代ギリシャの著述家テスピスだと言われています。それ以来、演技のテクニックが多くの人々によって提唱され、議論されてきました。アリストテレスやフランソワ・デルサルト、コンスタンティン・スタニスラフスキー、フセヴォロド・メイエルホリド、リー・ストラスバーグ、ステラ・アドラー、サンフォード・マイズナーをはじめ、多くの人々が演技の理論を唱えています。大勢の同意を得た理論もありますが、ほとんどのものには異論や反論が出されています。この

議論のポイントは、いかにキャラクターに生命を吹き込むべきかということです。想像力を重視すべきだという意見がある一方で、過去の実体験に基づくべきだという意見もあります。どちらのアプローチにも効果を認める人々がいます。キャラクターになりきるためなら、付け鼻やかつらなどを積極的に使って外見を変えてみてもよい、という考え方もあります。その一方で、俳優はただ台本を読んで理解し、ひらめきに従って演じればよいとする考えもあります。両方を使い、さらにはほかの方法もミックスして活用する人たちもいます。

　リアリティと説得力のある態度や動きを作り出し、キャラクターに生命を吹き込むのが俳優の使命、ということには、ほとんどの人が同意しています。

すべてをまとめ、前進しよう

　この本では、ごく単純なセリフを使ってキャラクターを模索できるエクササイズをご紹介しました。強さがあって、はっきりした選択肢を選んで演じ、自信がついたら（そして、そのプロセスに慣れたら）、少し複雑なセリフに挑戦してください。そこからさらにステップアップして、書き手の意図を読み取る力を培います。書き手の意図を読み取ったうえで、あなた自身の解釈ができるようになりましょう。この解釈の力がどの程度あるかで、ほかの人々との差が開きます。

　脚本の分解やキャラクターの分析、そして、この本に書かれているほかの内容は、理屈っぽくて難しく感じるかもしれません。「こんな理屈を唱えていたら、自然でのびのびした

演技がしづらくなる」と思う人もいるでしょう。しかし、根気よく練習を重ねていくうちに、演技の基本と全体のプロセスが自然にまとまり、理解がしっかり定着するときが来ます。何も考えず、ただ直感がおもむくままに演技できるようになるには、少なくとも自分の方向性が正しいかどうかがわかっていなくてはなりません。

　根気よく練習を重ねるうちに、自分のスタイルがなんとなくわかってくるはずです。たとえば、脚本を読み込んで、演技のアイデアを検討するときの方法がそうです。思いついた選択肢を全部メモするのがあなたにとって効果的だとわかったら、それがあなたのスタイルになります。逆に、メモを書く必要はなく、頭のなかで思い浮かべるほうが効果的だとわかったら、それがあなたのスタイルになります。そうやって、一人ひとりの俳優が自分なりの進め方を見つけていきます。

　脚本を読み込み、あなたが選んだ選択肢を詳しくメモすれば、設計図のようなものができあがります。途中で考えを変えたくなるときもあるでしょう。リハーサルでは、いつも新しい発見がありますから、あなたの考え方が変わることもしょっちゅうあるはずです。あなたの直感を大切にして、役や台本と向き合い続けてください。ただし、直感によって何を得られたかをきちんと意識すること。そして、それを、リアリティがある芸術的な表現に活かすことを忘れないでいてください。

　この本に書かれていることは、厳密に言えば、演技のテクニックではありません。具体的に、リアルな態度や行動をどう生み出せるかまでは説明していないからです。ただ、多く

の演技テクニックに共通する基本をご紹介しているだけです。

　ただ、想像力を使って動きを作る筋道は、すでに挙げました。過去の実体験を参考にすることと、ディテールを自分で作り出すこと。それらのいずれか、または両方に対して、想像力が役立ちます。

　「**内面と目的とサブテキスト**」［→pp.47-49］で例に挙げたピザのシーンでは、キャラクターの内面の状態は「空腹」だと書いてあります。でも、「どうすれば内面を空腹にできるのか?」という大きな疑問が残ります。これが古代ギリシャのテスピスの時代から延々と考えられ、議論されてきたことなのです。この本で、これまでに「想像力を使って」と書いてきたことはみな、空腹などの状態をリアリティとして作るために、ほとんどの演技テクニックで用いられていることです。表現者としての能力を極限まで高めるにはテクニックの習得が不可欠だと、ほとんどの人は考えています。

俳優のクラスとトレーニング

　この本のエクササイズやアイデアは、あなた1人で独習することも、学校の教室や演劇スクールで実践することも可能です。

　優れた演劇学校は世界中にあります。あなたが演技に高い関心を持っていて、週に1回のレッスンに参加できるなら、知識が豊富な先生を探すのは難しくありません。週に1回では足りないと感じるのであれば、演技のテクニックや映像演技のテクニック、オーディション対策、即興、ムーブメント、

ダンス、殺陣、歌唱、発声／スピーチ／滑舌などのトレーニングや演劇史と映画史、映画分析、俳優ビジネスや発表会まで網羅するカリキュラムがある学校を探しましょう。

この本では、ごく基本的なことだけを取り上げています。学ぶべきことは、まだまだたくさんあることを知っておいてください。

コントロール

どんな表現であろうと、よい演技はよい演技です。そこに到達できれば、どんな過程をたどろうと関係はありません。自分の演技をどう感じるかは自分次第です。あなたが納得できていれば、親戚や友達や先生、演出家や監督、批評家など、ほかの人々の感想は関係ありません。世の中の人々を全員満足させることは不可能です。主導権を握るのは、あなた自身です。なぜなら、あなたはアーティストだからです。

アーティストとしての俳優

「俳優になる」とは、ブロードウェイの舞台やハリウッドの大作映画に出演することだけを指すとは限りません。演技以外の仕事もかけもちで続けていたり、いろいろな分野で創作や表現活動をしたりしながら俳優業をしている人もたくさんいます。

高額なギャラや有名作品への出演が成功の証だと考える俳優は、多くはありません。また、有名俳優と共演しても、何

かの賞を受賞しても、それ自体を成功とみなす俳優はあまりいないでしょう。

　学びを続けて技術を磨き、その技術を発揮するチャンスは世界中にあふれています。そのようなチャンスに乏しい分野があれば、ほかのアーティストたちと力を合わせて新しいコミュニティを作りましょう。この本の第9章で、自主制作に必要なことを挙げますので参考にしてください [pp.124–125]。

　俳優活動を始めて間もない頃は、アーティストとしての技術や経験を充実させることに集中しましょう。アーティストとは、独自のアイデアを表現する人です。あるいは、既存のアイデアを独創的な方法で表現する人です。その人の表現や創作は、商業的に売り出すには不向きかもしれません。でも、自分の思考やフィーリングや信念を真に反映するものが創造できたとき、アーティストは幸せと満足を感じます。

　大切なことは、その人がプロかアマチュアか、ではありません。その人がアーティストであるかどうかです。

　アーティストは外部の力に左右されません。お金や賞賛、名声、批判に依存もしないし、影響も受けません。アーティストは世界を自由に観察して探究し、自分の体験についての考えやフィーリングを表現します。この自由は純粋な芸術表現にとって、なくてはならないものです。

　よい先生や先輩は、貴重な感想やアドバイスや励ましをくれるでしょう。でも、その人たちが、あなたの創作物に責任を負うわけではありません。

　アーティストにとっての成功は、自分の成果にどれくらい喜びが感じられるかで決まります。真の自己表現ができたと

きには、最高に満足できるでしょう。かけがえのない喜びを
感じるかもしれません。

第 **8** 章

映像の演技

Film Acting

舞台の演技は大きくおおげさに、映像の演技は小さく抑えて、とよく言われますが、それは誤解です。舞台でも映像でも、演技は演技です。確かに、大きな劇場では声を張り、映像では近くにあるマイクで録音できる声量で話すといった特徴はありますが、どちらでも適切にブレス・コントロールをし、柔軟に調整して対応してください。

　舞台では、観客とのあいだにある程度の距離があります。映像（特に、クローズアップの撮影）では、観客（つまり、カメラ）があなたの顔の間近まで寄ってきます。小さな動きを、カメラがつぶさに写すのです。顔のこわばりや唇の緊張、呼吸の荒さ、不自然なまばたきなども映像ではよくわかりますから、視聴者もそれに気づきます。

　俳優自身の動きとキャラクターの動きは異なります。素養がある人たちは、表情の硬さや呼吸の乱れや不自然なまばたきが俳優自身の動きなのか、キャラクターの動きなのかを見分けることができます。一般の視聴者など、特に素養があるわけではない人たちも、それを無意識に感じ取っています。映像の演技では、俳優の悪い癖は大きく見えやすくなってしまうのです。

　映像の現場のリハーサルが少ないことについては、前に少し触れました。もう1つ、大きな課題として、撮影が台本どおりの順序で進まないことが挙げられます。

　舞台劇はいつも、台本の順序どおりに進行します。同じ劇を同じ流れで、何度も上演する場合も多く、毎週末にステージがあったり、それが6ヶ月間続いたりします。舞台劇での課題は、自分にとっても観客にとっても、毎ステージの演技

をいかに新鮮でリアリティに満ちたものにするかということです。

　ところが、映像の進め方は違います。物語の流れの順ではなく、さまざまな制作の事情を考慮して、撮影の順序が組み替えられることが多いのです。いきなり撮影初日にクライマックスの場面だけを抜き出して撮る場合もあるかもしれません。もちろん、俳優が演技しやすいように、できるだけ配慮して日程が組まれるでしょう。

　でも、結局、撮影日程は予算と時間に左右されます。クライマックスの場面のロケ地をプロデューサーが探し回り、苦労の末に確保できたのが撮影初日にあたる日だけだったなら、なんとしても初日にクライマックスの場面を撮影しなくてはなりません。俳優は、物語の序盤、中盤、終盤を問わず、長い撮影日程のどのタイミングでも、求められるシーンをすぐ演じられなくてはなりません。そのためには、「キャラクターアーク」を把握し、撮影するシーンがアークのどのあたりかを理解することが必要です。

　「キャラクターアーク」とは、人物がたどる変化の軌跡です。ストーリーの始まりで、あなたのキャラクターはどんな考えを持ち、どう感じ、どんな態度や行動をしているでしょうか？ストーリーが進むにつれて変化するなら、エンディングまでにどう変化するでしょうか？

　次に挙げる「**キャラクターアークのワークシート例**」では、映像の演技において、人物の変化を全体的に把握するためのマップ作りの方法を示しています。

キャラクターアークのワークシート例

▶作品名：ザ・リミット

全般的な脚本の分析

- 集団行動が苦手
- 学校が嫌い
- 独学のほうが好き
- アイクにプレッシャーをかけられ、ダンスのコンテストに出場する
- ゲームとオンラインでの交流が好き
- バスが嫌い

人間関係

◆母さん

- もっと人づきあいをしなきゃダメ、といつも言う
- 成長して、「その年頃らしく」大人としてふるまってほしいと思っている

◆アイク

- もっと一緒に遊びたい
- 僕のことをはみ出し者だと思っている
- 純粋に心配してくれているが、無遠慮であつかましい

◆学校の人々

- みんな僕のことを、ちょっと変わっていると思っている

演技メモ

- シーン⑧で泣く
- ダンス
  - ダンスが苦手
  - 練習が必要

各シーンの目的と内面

- 全体の目的：普通の社会生活を送ること

シーン

①家──ゲームをしている

- セリフは無し
- 目的：ゲームで勝つこと。
- 内面：誤解されて迷子になったように感じており、無力感がある。

②学校──アイクと昼食

- アイクは僕のことが心配だと言う。
- アイクは「ダンスのコンテストで競争しようぜ」と挑んでくる。
- 目的：アイクに干渉するのをやめさせたい。
- 内面：確かに彼の言うとおりだが、僕は認めたくない。

③両親と家で

- 両親が僕の状況について話し合う。2人は僕のことが心配。
- 僕は両親に、ダンスのコンテストに出場すると伝える。
- 目的：両親の考えが間違っていることを証明したい。
- 内面：自分が置かれている状況を、自分でどうにかしたい。

注：はじめからこの例のように書けたら上出来です。脚本全体を分析するなら、これと同じようにして、一つひとつのシーンを追って最後まで書いていってください。

ロケーション

家──シーン①、③、⑤
学校──シーン②、④、⑦
公園──シーン⑥
ホテル──シーン⑧
ガレージ──シーン⑨

衣装

注：各シーンを見て、何を着ればよいかを考えましょう。低予算の映画であれば、衣装はすべて自前で揃えることが多いです。自分が持っている私服を衣装にし、場合によっては新しく買う必要があるかもしれません。大きな予算がある制作現場では、通常、衣装担当のスタッフがいます。

ヘアメイク

注：現場にヘアメイク担当のスタッフがいるかもしれません。あるいは、担当者がおらず、すべて自分でしなくてはならない場合もあります。男女ともに、どのように髪とメイクを整えればカメラ映りがよいか、知っておきましょう。髪は両目にかぶらないようにすること。メイクをする場合は、メイクアップアーティストがよい助言をしてくれます。

第 9 章

オーディションについての
アドバイス

Auditioning

舞台劇や映画に出演するためには、オーディションを受けます。あるいは、知り合いから声がかかったりして、オーディション無しで出演が決まることもあります。この章では、オーディションに必要な技術と心構えをご紹介しましょう。

　ここからは、オーディションで審査と選考をする側を「審査員」と呼ぶことにします。先生や監督、演出家、キャスティングディレクター、プロデューサーなど、作品のキャスティングに携わる人として捉えてください。

オーディションで目指すべき目標とは？

　オーディションで目指すべき主な目標は「準備をし、準備したことを実行して悔いなく終えること」です。「私はベストを尽くした。あとは天にまかせよう」と自分に対して言えるようになりましょう。

　オーディションを終えて帰るときに「ああするべきだった」とか、「こうだったらよかったのに」と思うのは、とてもつらいです。会場を出てエレベーターに乗ったときに、そうした後悔の言葉がどんどん浮かんできがちです。オーディションが終わったら、自分のミスを振り返るのはやめましょう。自分を傷つけるだけですし、ひどい気分になってしまいます。

　ただ、オーディションでうまくできたことと、うまくできなかったことが意識できているのはよいことです。どこを改善すればよくなるかが自分でわかっていれば、それはたいへん賢明なことです。自分を責め、批判してばかりいても、何

も生み出しませんから、早く気持ちを切り替えましょう。

　オーディションであなたが集中すべきは、役を獲得することではありません。ぜひ、「一緒に仕事がしやすくて、プロフェッショナルな態度を持つ人」としてふるまうことに集中してください。これは学校内での発表会でも、ハリウッドの大作映画でも同じです。

　あなたがオーディションを受けに来たということは、審査員に招かれたか、あなたが応募したかのどちらかです。オーディション会場に入った瞬間から、あなたは見られています。駐車場やロビー、エレベーター、待合室で誰が見ているかはわかりません。作品の関係者はたいてい会場にいます。これから一緒に作品を作るなら、きちんとマナーが守れる人と一緒に作りたいと思うでしょう。騒いだりしてネガティブな印象を与えると、チャンスが遠のきます。

　審査員が何を考えているかは知る由もありませんから、気にしないようにしましょう。「こんな素晴らしい俳優さんは初めてよ」と言われたけれども、それっきり連絡がない、という場合もあります。何も言われず、目も合わせてもらえないのに、それから30分後にはあなたに配役が決定した、ということも起こりえます。

オーディションの題材

　どんな題材を、どのように演じるかは状況によってさまざまです。いくつかの例を挙げておきますから、参考にしてください。

①自由課題として披露できるモノローグ（独白）を1つ、あるいは複数、練習してマスターしておきます。現代劇か映画のなかから、ある程度まとまった量の語りのセリフを抜き出しましょう。自作の文章や、どの作品から抜粋したかがわからないものは避けてください。求められる長さはたいてい2分程度か、それ以内です。

　モノローグを2種類用意する場合、1つはシリアス、もう1つはコメディにするのがよいでしょう。ただし、何がシリアスで、何がコメディかを判断するのは難しいですから、2つの内容がそれぞれ異なっていればそれでいい、と考える人がほとんどです。

　欧米では、たいていの俳優は少なくとも2つのモノローグをいつでも演じられるように準備しています。「古典から1作品」と指定があるときのみ、シェイクスピアなどの古典からモノローグを選んで演じます。

　モノローグはしっかりと練習しておきましょう。オーディションでモノローグを披露する場合は、本番と同じクオリティが求められます。まだ練習中の演技を見せる場ではありません。

②オーディションの対象となる舞台劇や映画脚本から、部分的に抜粋されたものが課題として配布されることがあります。脚本を最初から最後まで読むために、1週間ほど余裕がある場合もあれば、1日しか時間がない場合もあります。「このシーンを演じてください」と指定される場合も

あれば、「演じたいシーンを選んでください」と言われる場合もあります。

③あなたが読んだことがない舞台劇や映画の脚本から一部分を抜粋したものが配布され、しばしばオーディションの課題となります（オーディション用の台本はアメリカでは「サイズ（sides）」と呼ばれます）。

　実際の脚本を全部読ませてもらえる機会は、二次審査に呼ばれるか、役をオファーされるかでない限り、ないかもしれません。というのも、制作陣は脚本が外部に漏れないよう厳重に保護しており、脚本をまるごと俳優に渡さない場合が多いからです。残念ながら、ストーリーのアイデアが盗用される可能性があるのです。

④オーディション会場に到着してからサイズ（課題となる台本）を受け取る場合は、短時間で演技の準備をします。これはコールドリーディング（初見）と呼ばれます。選択肢をすばやく選び、それに徹しましょう。

　コールドリーディングで緊張するのは当然です。楽に呼吸をして、集中力を保ちましょう。どんなオーディションでも、その場で突然、セリフを渡される可能性があります。練習してきたものとは違うキャラクターを演じてくださいと言われることもあるかもしれません。シーンについても同じです。突然、まったく知らないシーンを演じるように言われる場合もあります。何が起きてもよいように、心構えをしておいてください。

演出

　これまでに挙げた状況のすべてにおいて、演出の指示が出される可能性があります。身体面での調整またはキャラクターの調整、あるいはその両方です。セリフの言い方を指示されることもあります。よくない演出をされることもあるでしょう。いずれにしても、リハーサルでは演出に耳を傾け、できる限り、リクエストに応えるようにしてください。演出家や監督は、あなたが指示に応じた演技ができるかどうかだけを試している場合もよくあります。柔軟に反応できる俳優は好かれます。

オーディション情報を入手するには？

　オーディション情報が閲覧できるウェブサイトはいくつかあります。この本を書いている現在、アメリカでは「backstage.com」と「actorsaccess.com」の2つがサービスを提供中です（アメリカの大都市の近くに住んでいない場合は、地域に密着した別のウェブサイトがあるはずです）。これらのウェブサイトにプロフィールを登録すれば、舞台や映画のオーディションに応募できます。選考に通れば連絡が来ます。オーディション当日は、指定時間の10分前には現地に到着しておきましょう。オーディションに行けなくなったら、その旨を先方に連絡してください。

　それ以外にも、演技のワークショップへの参加や、舞台や映画に携わる人たちの集まりを見つけるなど、活動の輪を広

げましょう。仲間や知り合いを増やせば、作品に参加するチャンスに出会いやすくなります。

　ニューヨークやロサンゼルスは制作が活発ですから、エージェントやマネージャーの事務所も多く、オーディションの機会も豊富です。エージェントとマネージャーについては次の章で詳しくお話しします。

　アメリカでは、オーディションへの参加は無料です。正規のオーディションであれば、参加費や選考料を請求されることはないはずです。

作品の情報とブレイクダウン

　オーディション応募の際に、作品の概要がわかる場合もありますが、ほとんどわからない場合もよくあります。いずれにしても、通常、俳優にはキャラクターの設定とあらすじ、公演または撮影の日程が提示されます。これらの基本情報は、アメリカでは「ブレイクダウン」と呼ばれます。たとえば、次のような形です。

午後1時　　ジョン・デイヴィッドソン－9月16日圆－台本添付

『ザ・リミット』　エグゼクティブ・プロデューサー：マイク・マークス
短編映画　　　共同エグゼクティブ・プロデューサー：ミゲル・ランツ
ノン・ユニオン　プロデューサー：アンジェラ・デイビス
　　　　　　　監督：ミゲル・ランツ
　　　　　　　脚本：マイク・マークス
　　　　　　　N.Y.キャスティングディレクター：メレディス・リンカーン
　　　　　　　撮影開始日：9月23日
　　　　　　　ロケーション：ニューヨーク

メレディス・リンカーン・キャスティング
（事務所所在地）239 E 44th St. #4409 NY, NY 11901

注：笑いを誘うキャラクターたちの世界を描きます。
　　外見や人種は問いません。

オフ・ブロードウェイ舞台劇のヒット作にもとづく映画です。

[ノーマン] 14歳。社交的だが自宅にこもってゲームや読書をしている。
機転がきく。ダンス必須。人種不問。

オーディションに着ていく服は？

　オーディションには、キャラクターにふさわしい服を着て
臨んでください。「生徒会長に立候補して、全校生徒の前で
スピーチをする」という設定なら、チノパンにボタンダウン
のシャツなどが合うでしょう。「父の自動車修理工場を手伝
っている」設定なら、ジーンズとTシャツがふさわしいです。
ジーンズに油汚れを付けたり、汚れた顔に見えるようなメイ
クをしたりする必要はありません。

　衣装にはこだわりすぎないようにしましょう。キャラクタ
ーのイメージに近いもので大丈夫です。あらかじめ、先方か
ら「ややフォーマル」か「カジュアル」かを指定されること
もあります。着心地がよくて清潔な服をいつでも着て行ける
ように、用意しておきましょう。何着かをオーディション専
用にしている俳優もたくさんいます。

　白い服はカメラ映りがよくありません。黒も避けたほうが
無難だと言う人もいます。シンプルな無地がベストです。派

手な柄物や大きなロゴが付いたものは避けてください（それがキャラクターにふさわしい場合は別として）。ブルー系やグリーン系などで、落ち着いた色合いの無地をお勧めします。

外見

外見は常に最高の状態に整えておきましょう。髪の毛で顔が隠れないように気をつけてください。

オーディション会場に到着したら

オーディション会場に到着したら、審査員に挨拶します。握手を求めて近づいたりするのは控えましょう。先方が話しかけてきたら、会話に応じてください。

審査をする人々は、その日にたくさんの俳優と会っています。大勢の俳優を審査する日々が続いているか、定期的にそうしている場合がほとんどです。それでもたくさん話しかけてくれる人や、無口な人など、それぞれです。審査員は一人ひとりの俳優に対して同じ手順を繰り返しますから、なかなか大変な仕事です。新しい出会いや再会を楽しむ審査員もいますが、単なる仕事だと割り切っている人もいます。面識があるのに不愛想な対応をされたとしても、あなたのせいではありませんから、気にしないようにしましょう。

オーディションの部屋には1人ずつ個別に呼ばれる場合もあれば、多くの俳優が一斉に呼ばれるときもあります。あなたをみんなに紹介してもらえることもありますが、誰にも何

も言われないこともあるでしょう。その場の流れに従い、先方の指示を聞いて準備を始めてください。

　劇場でオーディションをする場合、あなたは舞台中央に立ち、客席に座っている審査員に向けて演技をします。オフィスや会議室などでおこなう場合は、机の席かカメラの横に審査員がいます。審査員から6フィート（約1.8メートル）ほど離れたところに立つか、床に目印のテープが張ってあればそこに立ってください。

　舞台劇のためのモノローグでは、演じる前に自己紹介をする人と、軽く挨拶だけしてすぐ演技を始める人がいます。どちらでも、やりやすいほうを選んでください。オーディションの前に、審査員からのリクエストが伝えられたり、演目を尋ねられたりする場合もあります。

　劇場でも会議室でも、モノローグを演じるときは、審査員を相手役に見立てて語りかけないようにしてください。審査員が緊張してしまいます。なぜなら、審査員はあなたの共演者にされたような気になり、語りに対して返事を迫られているように感じるからです。審査員は演技を客観的に見ようとしています。ですから、演じるときは、その場の空間のある一点に視線を向けて、語る演技をしてください。その一点を、審査員が座っている場所の近くに定めれば、あなたの表情が審査員によく見えますので、ぜひそうしてください。

　それでも、ただの空間に相手がいると想定して語れば、ぎこちなくなりがちです。自然な演技ができるよう、よく練習しておいてください。不慣れなモノローグをオーディションで披露するのはお勧めしません。そもそも、モノローグの演

技は緊張します。無人の空間に向かって語ること自体、普通ではありません。しかも、その普通ではない行為によって演技をしなくてはならないのです。キャラクターとして存在し、覚えたセリフを言うだけでも難しいことです。20年ほど経験を積んだベテランなら別ですが、まだ新人のうちは、ひたすら練習をしてください。

　ごくまれに、審査員を相手に見立ててモノローグを演じてもよいと言われるときがあります。あなたにとってもそれがよいのであれば、そうしてください。その場合は、審査員から反応を引き出そうとしてみましょう。審査員が無表情のまだと、やりづらいです。関心がないのか、あなたの演技がいまひとつだと思っているのか、感情に乏しいキャラクターなのかがわからないからです。あるいは、あなたの演技を見て、顔に出さずに楽しんでいるのかもしれません。そうした審査員の反応、もしくは無反応を、あなたはキャラクターとして受け取り、演技に反映させましょう。

　審査員に対してモノローグを語ってよいか、あなたから尋ねないようにしてください。審査員のほうから提案されない限り、答えはおそらく「いいえ」です。そうした暗黙のルールを無視して「いいですか？」と尋ねて拒否されれば、気まずい空気が流れてしまいます。

　審査員とは適度な距離を保ってください。いきなり近づくと、審査員は恐怖を感じてしまいます。たとえあなたがキャラクターになりきっていて、衝動的に審査員の髪をぐしゃぐしゃにしたくなったとしても、実行に移さないようにしましょう。

オーディションの部屋に入った瞬間、あなたはすでにキャラクターになっているものとされています。すぐに演技が始められる状態です。気持ちを切り替えようとしてうつむいたり、後ろを向いたりせず、自然にモノローグを始めてください〔日本では、はじめの合図をもらえることが多いです。その場の流れに従って対応してください〕。

オーディションでシーンを演じる場合は、「リーダー（読み手）」と呼ばれる相手役が室内にいます。リーダーは審査員に雇われているスタッフかボランティアで、たいてい、審査員の近くに座っています。フレンドリーで演技がうまい俳優さんかもしれないし、不機嫌で演技がへたな俳優さんかもしれません。いずれにしても、あなたはキャラクターになったまま、リーダーが投げ返してくるものを受け取り、演技をしてください。あるいは、審査員だけが室内にいて、審査員が相手役のセリフを言う場合もあります。

スレート

映像のオーディションでは「スレート」を求められることがあります。スレートとは、日本の「カチンコ」です。これから撮影する映像があなたのものだと後でわかるように記録するため、録画がスタートしたらカメラに対して正面を向き、名前を言います。18歳未満の場合は年齢も言うように求められるかもしれません。プロデューサーは、未成年の俳優の年齢を知る必要があるからです。アメリカでは、未成年の俳優には俳優組合の規定に沿った待遇をするよう定められてい

ます。

　演技を始める前に、あなた自身について質問されることもあります。「暇なときはどう過ごしていますか？」といった、具体的な質問が出るかもしれません。演技以外の話題を最低5つ用意しておきましょう。こうした質問が出るとき、審査員はあなたの人柄を見ようとしています。単純に、あなたがどんな人なのかをつかもうとしているのです。

　演技が終わった後で、カメラに向かって名前を言うよう指定される場合もあります（これは「テイルスレート」と呼ばれます）。スレートが不要なときもあります。

　あなたがカメラのレンズを直視するのは、スレートのときだけです。特例として、キャラクターがカメラ目線で演技をするよう脚本に書かれているか、監督からの指示がある場合は除きます。そうした特例を除き、演技中にカメラのレンズを見てしまうと、悪しき「カメラ目線」となります。このようなアクシデントが多いと、制作側は困ってしまいます。たまたまカメラ目線になってしまったとしても、その部分の映像素材は編集で使えません。撮影中に監督が気づかなかったとしても、後で映像データを見直すときには見逃されません。

　ほとんどの俳優は、知らず知らずのうちにカメラのレンズを見てしまいます。カメラが自分に向けられていると、なんだか怖いような、不思議な感覚が芽生え、本能的にそちらを見てしまうのです。また、私たちは日常生活でスナップ写真を撮ったり自撮りをしたりするとき、カメラ目線でポーズを取るのが習慣になっています。演技をするときは、その習慣を捨てなくてはなりません。

映像の演技の場では、カメラが観客の目の代わりをつとめます。カメラ目線を避けるのは、舞台で観客と目を合わせないようにするのと同じです。観客の目を見た瞬間、あなたと観客とを隔てる「第四の壁」[→pp.67-68] は破れてしまいます。すると、俳優であるはずのあなたが、あたかも「ねえ、私、これでいいかな？　どうしてこっちを見てるの？　この作品、面白い？」とでも言っているかのように見えてしまいます。第四の壁を保つために、カメラ目線にならないように気をつけてください。

　家でモノローグを練習するときに、カメラを前に置いてみてください。あるいは、何かのシーンを選び、カメラの前でリハーサルしてみましょう。そのときに、あなたのことを心からリスペクトしている審査員がそこにいることも思い描いてください。

45度ルールとホットスポット

　映像の撮影では、何かを体験しているあなたの姿をいきいきと写し取ってもらいたいものです。それなのに、カメラに対して横を向いたり、背を向けたりすれば、あなたの表情が写りません。「**45度ルール**」[図4] を知っておけば役立ちます（「**立ち方の工夫**」[→pp.69-70] に近い考え方です）。

　また、目線を「**ホットスポット**」[図5] と呼ばれる位置に向けると、あなたの目の表情がカメラによく写ります。

　これらはオーディションでも役立ちますが、絶対的なルールではありません。どちらの原則もしょっちゅう破られてお

り、まったく意識をしない俳優もいるほどです。ずっと下を向いていて、カメラに表情が写らないような演技が心を打つときもあるかもしれません。

　試行錯誤を重ねて経験を積み、あなたにとって最高の演技を探してください。シーンをどう演じるかは、与えられた状況や演出、その他のいろいろな要因に左右されます。基本的には、顔を上げ、両目がカメラに写る角度に保ち、ホットスポットに自然に視線を向けられるようにしてください。

45度ルール

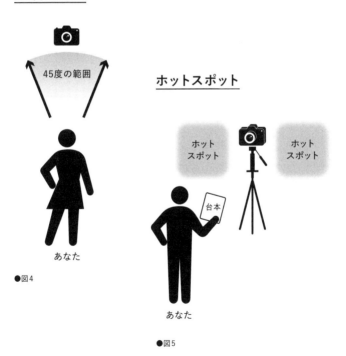

●図4

●図5

台本の持ち方

　台本を手に持って演じるときは、相手役（もしいれば）の顔が見やすいように、自分の顔と同じ高さあたりで持ってください。低い位置で持つと、何度も顔を上げ下げしなくてはならず、見苦しい演技になります。また、あなたの両目はできるだけ相手役に見え、カメラにも写るのが理想的です。審査員が、あなたから見てカメラの右側（向かって右側）に立っているなら、台本は右手で持ちましょう。審査員がカメラの左側に立っていれば、台本は左手で持ちます。

　セリフが暗記できていれば、台本は脇に置いても大丈夫です。初回のオーディションは暗記のテストではありません。モノローグのセリフは完璧に覚えておくべきですが、オーディション課題のセリフは完璧に暗記できていなくてもよいとされています。

　台本は手に持っておくことをお勧めします。あなたが手ぶらで入室したら、審査員は少し不安になります。セリフが2、3行だけなら問題はありませんが、1ページ以上あれば、審査員は、あなたがセリフを度忘れした場合に備えてほしいと考えます。

　もしもセリフを忘れたり、間違えたりしても、最初からやり直す時間もなければ、謝る時間もありません。初回のオーディションでは、セリフを噛んだり忘れたりしても、気にせず演技を続けてください。何があろうとキャラクターを崩さず、保ちます。審査員はあなたがキャラクターにふさわしいかどうかを見ています。暗記したセリフが言えるかどうかの

評価は、初回のオーディションではまだなされません。

　次に、オーディション用の台本のサンプル［図6］と、カメラの前での立ち方や台本の持ち方［図7］の図を挙げますので、参考にしてください。

マービン

屋内　マービンの家のキッチン　―　その後
マービンはキッチンにやってくる。母は本を読んでいる。

スタート

マービン　「ごはん、チキンとマッシュポテトなんだね。僕の大好物だ。ありがとう」

母　「どういたしまして。元気出してね」

マービン　「母さん、最高」

母　「ありがと」

マービン　「元気が出たよ。母さんの言うとおりだね。時間はかかるだろうけど、世界が終わったわけじゃない。ピザを一切れ食べて、傷を癒やす時間をとるよ」

母　「だめよ、ピザなんか食べちゃ。もうすぐごはんなのよ」

マービン　「お願い。ピザ大好きだから、それ食べて元気を出すよ」

母　「あれは妹の分よ。残しておくからねって、あの子に言ったの」

マービン　「そう。じゃあ僕はもう終わりだね」

母　「おおげさね」

ストップ

マービン　「僕にはなんにもないんだ。ダンスのコンテストの参加票しかない。サッカーの参加賞の隣にでも貼っておくよ」

母　「マービン、本を読むか、映画でも見たら」

●図6

台本の持ち方

審査員

あなた

台本

立ち位置のバミリ

●図7

質問しよう

　前もってオーディション用の台本がもらえたら、漢字の読み方やアクセントを間違えないように、調べておいてください。台本に出てくる物事の内容も理解しておきましょう。

　キャラクターや状況設定、人間関係について不明な点があれば質問しましょう。審査員はたいてい、喜んで答えてくれます。審査員はあなたの成功を願っているからです。先方から「何か質問はありますか？」と尋ねてくれることも多いです。初見で演じる場合、審査員はあなたから質問が出ることを期待しています。

相手役とのセリフのやりとり

　審査員の前で、ほかの俳優（たち）とセリフのやりとりをする場合があります。打ち合わせや練習がない、ぶっつけ本番の演技となりますから、やや不安でやりづらく感じるでしょう。相手の言葉に耳を傾け、相手が見せる反応に意識を集中させてください。ほかのキャラクター（たち）とつながりを持つことが、あなたの主なゴールです。

オーディションの心構え

　オーディションは、あなたがどういう人で、どのように演技の準備をしてきたかを見せる場です。でも、評価の対象はそれだけではありません。あなたの力ではどうにもならない要因も、オーディションの結果を左右します。

　あなたは多くの点において審査されています。たとえば、次のような要素が挙げられます。

　①役とあなたの外見が合っているか。先方が探しているのは、身長160cmくらいで、赤茶色の髪と茶色い瞳の俳優かもしれません。長髪か短髪かで配役が決まる場合もあります。審査員から「髪を切っても大丈夫ですか？」あるいは「髪を伸ばしておいてもらえますか？」といった質問が出るかもしれません。ですが、想定している外見とは違っても、その役を演じられると審査員が判断した場合は配役される場合があります。一方、条件が俳優側に知らされず、

どのようなタイプの俳優でも受けられるオーディションも
あります。

　あなたに何も非がないのに起こりうる最悪のケースは、
たまたま、あなたが審査員の嫌いな人に似ている場合です。
審査員が子どもの頃にいじめに遭っていて、あなたを見る
とその加害者を思い出すというような場合、キャスティン
グに影響が及ぶ可能性があります。

②ほかの役の候補者たちの外見とのバランス。あなたと特
徴が似ている俳優がいれば、あなたはその俳優の親友役に
はキャスティングされません。似ている俳優どうしが一緒
に登場すると、観客にとって2人の区別が付きにくいから
です。

③性質や気質が役に合っているか。活発な性質という設定
のキャラクターに対して、あなたが落ち着いた性格であれ
ば、その役にはキャスティングされない可能性が高いでし
ょう。

④才能があるか。あなたの才能は、確実に評価の対象とな
っています。それがオーディションのもっとも難しいとこ
ろです。役を逃した自分を責め、「才能がないんだ」と落
ち込むのは簡単です。落選すれば、人として否定されたよ
うに感じるかもしれません。しかし、才能の評価は主観的
なものです。あなたの演技が好きだという人々もいるでし
ょう。その反対に、あなたの演技が好きではないという人々

もいるかもしれません。前にもお伝えしたように、あなたにできるのは、自分がおこなった努力と演技に対する自分の感じ方をコントロールすることだけです。そうでなければ俳優の世界はストレスと落胆の連続になり、気持ちが盛り上がったかと思えばひどく落ち込んだりして、疲れてしまいます。

コールバック（二次審査）

　オーディションの一次審査でキャスティングが決まることもあれば、コールバック（二次審査）またはさらに複数回にわたってオーディションに呼ばれることもあります。コールバックではほかの俳優とペアになり、演出の指示に従って演技をするかもしれません。あるいは、「一次オーディションでしたこととまったく同じことをしてください」と言われることもあります。コールバックは審査員にとって、あなたを再び見るための機会です。あなたがすでに暗記したセリフに何かを追加したり、変更したり、一部を削除したりされる場合があります。

　審査員は、あなたがプレッシャーをどう乗り越えるかを見ようとしています。オーディションと本番は多くの面で異なりますが、どちらもプレッシャーがのしかかる点では同じです。学校の発表会でもブロードウェイの舞台でも、あなたの演技を見るために、人々が待ち構えているわけです。映画の撮影では、さらにプレッシャーが高まります。多くの人が見ているなかであなたの演技が記録され、それが後々までずっ

と残ります。自分の演技をどう感じるかは自分次第だとはいえ、「いまからみんなに演技を見せるのだ」というときほど心臓がドキドキして緊張することはないでしょう。この感覚からは逃げようがありません。最悪の場合はあがってしまい、普段の力がまったく出せなくなります。うまくいけば、緊張感がアドレナリンを高め、集中力が発揮できるかもしれません。審査員は、あなたがプレッシャーに負けず、落ち着いて乗り越えられる人だということを確かめたいと思っています。

審査員はあなたのためにいる

　審査員はあなたが成功することを望んでいます。あなたを応援してくれているのです。あなたをオーディションに招いたのは、あなたが役に合っていると思うからです。あなたが見事なオーディションをして配役が決まったら、それは審査員の人々にとっても成功なのです。役に合う俳優を見つけることを、彼らは誇りにしています。

　優秀な審査員は、キャスティングを1つの技能と捉えています。失敗は失業につながります。ショービジネスの世界でも、昔から「キャスティングですべてが決まる」と言われています。文化祭の劇であっても、ハリウッドの大作映画であっても、審査員はあなたが登場してしっかりと演技を成し遂げるのを期待しています。役にぴったりの俳優が見つからなければ困るのです。審査員の悩みを解決するのが、あなたなのです。

審査員とあなた

あなたの主な目標は、審査員とよい関係を築くことです。今回募集しているプロジェクトにあなたが合わなかったとしても、審査員の知り合いが手がける別の作品にふさわしいかもしれません。あなたへの評価と口コミが、未来のチャンスにつながります。

タイプキャスティング

タイプキャスティングに陥るのを不安に感じる人がいます。つまり、「特定のタイプのキャラクターしか演じない俳優」というイメージが付くのをいやがる、ということです。人なつっこくて大声で、怒っているキャラクターを演じ終えた後で、次は全然違う性格のキャラクターを演じたいと思う気持ちが芽生えます。

ですが、まず、あなたに合う役を知ることから始めてください。あなたにとって理解や共感がしやすく、演じやすいと感じられる役柄です。おそらく、あなたは、そのようなタイプの役にキャスティングされる可能性が高いです。それらの役を演じて経験を積むうちに、だんだんと役柄の幅を広げることができます。

1つの役を獲得するのは、たとえそれがどんな役でも難しいものです。激しい競争を勝ち抜いていかねばなりません。本来のあなたの性質とは大きく異なる役を得ようとすると、さらにハードルが高くなります。

演劇学校やクラス、劇団

演劇学校や劇団に入るためのオーディションは、特定の作品のためのオーディションとは少し異なります。それぞれの団体によって、プログラムやグループにふさわしいかどうかの基準があります。

演技のトレーニングをするための学校は、あなたがプロとしての態度を持っているかを評価するだけでなく、可能性があるかどうかも見ています。「この人は情熱があって礼儀正しく、磨いていくべき貴重な才能があり、我々のコミュニティの一員となる価値があるか？」と考え、評価をしているのです。たいてい、審査員は応募者を選考する経験が豊かであり、すばやく決断を下します。

新たなメンバーを募集している劇団は、あなたのタイプを重視します。たとえば、今後の公演に女性のキャラクターが必要で、あなたがそれに合うタイプだとすれば、合格のチャンスも上がります。

オーディションについてのまとめ

準備して、リラックスして、集中して臨みましょう。

落選することと才能と自信

落選は俳優につきものです。演じたい役を全部手に入れることはできません。あなたの演技に対していつもネガティブ

なコメントをする人もいます。どうすれば演技がもっとよく
なるか、しょっちゅうアドバイスをしてくる人もいます。

　俳優は「面の皮が厚くなくてはいけない」と、よく言われ
ます。確かにそうかもしれません。でも、褒め言葉にも批判
にも左右されない、しっかりした自分でいれば、面の皮を厚
くする必要はありません。面の皮が厚いというのは、「ほか
の人たちが何を言おうと、そのときの状況がどんなにひどい
ものであろうと、それに影響を受けない」という意味です。
つまり、人の意見に耳を貸さずに鈍感になる、ということで
す。

　しかし、優れた俳優に必要なのは、鈍感とは正反対の、こ
まやかで鋭い感覚です。感受性の度合いが才能のレベルを表
すと言ってもいいほどです。俳優は、キャラクターが体験し
ていることを表現するのが仕事です。その言葉のとおり、表
現力が求められます。繊細で、敏感でなければ、表現力は乏
しいままです。

　周囲の世界に対して心を閉ざし、自分の感情を無視したま
までは、表現力は豊かになりません。面の皮の厚さは俳優の
能力を打ち消すものであり、現実逃避は心の健康にもよくあ
りません。「人になんと言われても平気な図太さ」を目指せ
ば疲れますし、不健全です。

　生きていれば、断られたり、認めてもらえずがっかりした
りすることは誰にでもあります。俳優にとってはしょっちゅ
うあることです。自信がある俳優は自分の才能を信じていま
す。ネガティブなことも、いったん受け止めてから、水に流
します。その後、次の表現活動に意識を向けます。「あなた

は私の演技が気に入らなかった？　私は役を逃した？　でも、私は自分の演技がいいと思った。私は自分が役にぴったりだったと思う。残念。じゃあ、何か別の面白いことを見つけて、それに集中しよう」と。

　俳優なら自信を持ちましょう。そうでなければ、アーティストとしての魂は生き残っていけません。

自主制作について

　演技を職業にするには時間と努力が必要です。出演料がもらえる仕事をコンスタントに得てプロになるには、ビジネスの進め方も問われます。成功しているプロの俳優は、たいてい、優れたビジネスマンでもあります。プロを目指すつもりがなく、趣味で演技をするだけでも、何かの作品に出演するには時間とエネルギーを要します。

　いずれにしても、これから制作される作品が無限にあるわけではありません。あなたにぴったりの役柄も、ある程度の数に限られます。出演のチャンスがまったくつかめない時期も出てくるでしょう。そのようなときに、表現に対する意欲を無駄にするのはもったいないことです。

　俳優は、誰かに配役されて初めて動けます。そうしたチャンスを待つのに疲れたら、自分で脚本を書いて演じてみるのも1つの方法です。自分で舞台劇や映画を制作すれば、大きな力がつきます。仲間と一緒に作ってもよいですし、1人で作ることも可能です。自分を深く知る機会にもなるでしょう。「私には、脚本を書くのは向いていない」と気づくかもしれ

ません。グループの一員となって制作に参加すれば、「大道具を作るのは楽しいな」とか、「衣装を集めるのが意外と得意」など、演技以外の部門に魅力を感じることもあるでしょう。

　そのように、みんなで1つのものを制作するなら、誰か1人がまとめ役となることをお勧めします。企画が途中でうやむやになるのを防ぎ、作品を完成へと進めていきやすくなります。まとめ役の人は、あらゆる面で、最終的な決断を引き受けます。もちろん、考え方の相違から衝突が起きても不思議ではありません。みんながアーティストですから、表現に対する意見もそれぞれ異なります。リハーサルの日程を立てるだけでもひと苦労かもしれません。誰か1人が全体をコントロールして物事を決めていくか、指揮系統をしっかりと決めて役割を分担してください。

第 10 章

俳優業を仕事にするなら

The Business of Acting

この章では、俳優のビジネスについての基本情報を述べます。プロの俳優として仕事をしたい場合は、知っておきたい情報です。18歳未満の人は、保護者の補助が必要です。俳優本人だけでなく、保護者の方もお読みください。

　若くしてプロの俳優を目指す場合、実年齢はまだ子どもか青少年であっても、あなたが目指す世界は大人の世界です。大人と同じ責任感を持って行動できなければ、真剣に扱ってもらえません。

　この本ではアメリカの情報をご紹介しますが、アメリカ国内でも州やエリアによって詳細は異なります。ニューヨークの業界での動き方とロサンゼルス、シカゴ、あるいはほかのエリアとでは、多少の違いがあります。業界の作法は時代によってこれからも変化を続けるでしょう。ですから、最新の情報を調べるようにしてください。

　この本の目的は、業界の基本を説明し、あなたの疑問を少しでも晴らすことです。説明を読んで「俳優業を目指すのはやめよう」と思う人もいるでしょう。もし、「俳優の業界に入ろう」と決めたら、さらに詳しい情報を集めてください。参考になる本やクラス、動画、その他の資料がたくさん出回っています。

　プロの俳優を目指す人や、プロの俳優を目指すお子さんの保護者の方は、ビジネスのスキルや感覚も必要であることを心に留めてください。それは、ほかの業界を目指すのと変わりません。

プロの俳優になる

　「プロの俳優」とは、次のような条件に当たる俳優を指します。

　①ユニオン（俳優組合）のメンバーである〔アメリカでは加入／非加入によって、出演可能な作品が分かれます〕。
　②有償の演技の仕事に多くの時間を費やしている。
　③収入のすべて、あるいは大部分を、俳優としての仕事で得ている。

　18歳以上でプロの俳優を目指すなら、演じることほどこの世で楽しいものはない、と自信を持って言えるようでなくてはなりません。
　あなたが18歳未満なら、演技が大好きであるだけでなく、「学校生活や友達や家族との時間が乏しくなり、演技のほかに好きなことがあっても後回しになるが、それでもかまわない」と思えるようでなくては難しいです。
　大人の俳優の日々の生活は次のような感じです。

　①副業や、生活費をまかなう仕事をします。臨時のアルバイトや小売業、会社の事務補助など、いろいろな働き方があります。どんな職種であっても、勤務時間や勤務日が柔軟に変えられることが重要です。オーディションや出演の予定が入り次第、仕事の日程を調整します。
　②演技のクラスに参加します。

③オーディションに行きます。週に5回、あるいは月に5回など、頻度には波があります。たいていのオーディションは平日の午前9時から午後6時までのあいだにおこなわれます。たまに、二次審査などが土日におこなわれる場合もあります。
④定期的に演技の仕事に出ます。

　副業や、生活費を得るための仕事を完全にやめて、俳優業で生計が立てられるようになるのに3年かかるか、20年かかるかはわかりません。副業をずっと続ける必要があるかもしれません。
　18歳以下の俳優の日々の生活は、だいたい次のような感じです。

①オーディションがある日は学校を早退しなければならず、テストが受けられないことがあります。
②家族や親戚などが集まる行事の日でも、事務所から「いまから1時間後にオーディションがあるから行ってください」と連絡が入るときがあります。
③遠方での仕事が入ったら、自宅を離れて宿泊する場合があります。期間は3週間ほどになることもあります。
④演技の仕事がない日は、放課後や週末に演技レッスンを受けます。

　あなたが18歳未満なら、次の質問を自分に問いかけてみてください。

①私は演じることが大好きか？
②私は演じることに100％、自分の力を注ぎたいと思っているか？
③私はプロの現場で求められることや、対処の仕方についてのトレーニングと経験を十分に積んでいるか？

エージェントや芸能事務所

　エージェントとは、あなたがオーディションを受けられるよう手配をする人のことです。エージェントの事務所の規模は大小さまざまで、請け負う業務もいろいろです。

　小規模の事務所は、アメリカでは「ブティック・エージェンシー」とも呼ばれることがあり、2、3人のエージェントが所属の俳優全員の代理人として動きます。つまり、1人の俳優に対して、少人数が手分けをして舞台や映画、コマーシャル、写真、声優などのオーディションを手配します。事務所によっては、コメディアンやライブイベントの司会を積極的に請け負ったり、出演料が支払われる仕事であれば幅広く請け負ったりするところもあります。

　中規模から大規模の事務所はいろいろな部門に分かれています。たとえば、映画部門には何人かの担当者がいて、映画出演の案件を扱う、といった具合です。

　彼らの仕事は、俳優がオーディションに行けるように手配をすることです。俳優に仕事を与えてくれるわけではなく、あくまでもオーディションの機会を取り次ぐだけです。そのオーディションで仕事を得られるかどうかは俳優次第です。

俳優が役を獲得したら、エージェントあるいは事務所は出演料の何割かを差し引いて受け取ります。アメリカでは通常、出演料の10％が目安です。

アメリカでのマネージャー事情

　エージェントは俳優のキャリアを支援するために、日々のオーディションに注目します。一方、アメリカで「マネージャー」と呼ばれる人々は、俳優のキャリアの構築を扱います。長期的な視野に立ち、俳優と一緒に進路を考えてくれるのです。

　マネージャーへの謝礼は、出演料の10％か15％とされています。俳優にエージェントもついている場合は、さらに10％が別途エージェントへの支払いとして差し引かれます。マネージャーが必要かどうかについては賛否両論あります。結局、俳優がどれくらいキャリアを積んでおり、俳優にとって役立つ人脈をどれくらいマネージャーが持っているかがポイントです。マネージャーがいる場合、俳優は次のような相談をします。

　「地方を回る作品の役をもらった。かなりいい役で、ギャラもいいけど、家を空ける期間が長くなりそう。私生活がおろそかになるし、地方に出ているあいだにいいチャンスを逃すかもしれない。でも、地方を回るほうが、もっと大きなチャンスにつながるかもしれない。どう思う？」

　一方、エージェントは、このような相談には不向きです。俳優が役を得たのなら、それをやったほうがいい、と彼らは考えるでしょう。俳優が出演料を得れば自分にも仲介料が入りますし、もし出演を断るなら、エージェントがキャスティングディレクターに断りの連絡を入れなくてはなりません。それは申し訳ないことであり、その点ではマネージャーも同じ気持ちを抱くでしょう。

　アメリカでは、俳優に出演料が支払われない限り、エージェントにもマネージャーにも収入が入りません。「お金を払えばオーディションに行かせてあげる」と持ちかけてくる業者は詐欺だとみなされます。

キャスティングディレクター

　プロデューサーや監督や広告代理店に雇われて、作品の配役を請け負う人を「キャスティングディレクター」と呼びます。俳優たちを選んでオーディションに呼び、オーディションを実施するのが仕事です。配役に対して意見を言うこともありますが、最終的な決定は、雇い主であるプロデューサーや監督、広告代理店の意向によってなされます。

エージェントやマネージャーと契約するには？

　業界への足がかりとして、応募をする方法はたくさんあります。アメリカでのエチケットを含めて、いくつかの例を挙げます。

①応募方法が事務所のウェブサイトなどに書かれていれば、自分で応募できます。指示に従い、郵送またはメールで応募書類を送ります。市販の本やウェブサイトなどでも情報収集してください。

　宣材写真や履歴書には、短い挨拶の手紙を添えます。送付先の部署が決められていない場合、事務所の担当者の名前がわかればその人に宛てて書くのがベストです。

　芸能事務所だけでなく、キャスティングディレクターに自分で売り込みをかける俳優もいます。ただし、「事務所に来てください」と先方から言われない限りは、直接事務所を訪問しないようにしてください。

②専門的な学校に入り、業界の人々と会う機会を得る方法もあります。有料のワークショップやセミナーもありますから、演技や歌を見てもらいましょう。個別面談のチャンスにつながるかもしれません。先方から連絡が来て、面談にこぎつける場合もあります。

　定評のある学校で学ぶことは、非常に効果的です。多くの俳優たちが、在学を経て業界とのコネクションを得ています。

③仲間と力を合わせて「ショーケース」を開催するのも、よい方法です。ショーケースとは、複数の俳優たちが集まり、いろいろなシーンの演技を披露するイベントです。業界の人々を招待して来てもらえば、チャンスにつながります。

④俳優の友達からの紹介も、1つの可能性です。親戚の知り合いや、街で偶然知り合った人のなかにも業界の関係者がいるかもしれません。想像に浮かぶものは、現実になる可能性があるものです。

業界の人々は、売れる俳優を求めています。俳優のセールスポイントは外見や出演歴です。業界のあいだでも、才能がある俳優は話題にのぼり、情報交換がなされます。彼らがしていることはビジネスです。俳優は商品のようなものだと言えるでしょう。

ですから、彼らは、営業時間内であれば何曜日でも（土日も含みます）オーディションに行ける俳優を求めています。

演技を始めたばかりの頃は、こうしたプロの業界に入るのは難しいでしょう。新人ですから、出演歴がまだ多くありません。それでもトレーニングを重ね、アーティストとして成長してきたら、出演歴が増えてきます。小さな劇団の公演や低予算映画にも積極的に出演し、いろいろな人と出会ってください。時間はかかるかもしれませんが、徐々に履歴が充実し、人脈もできてきます。低予算映画は映画祭への出品の可能性もあるため、多くの人に見てもらえるかもしれません。あるいは、出演した舞台が評判になるかもしれません。業界が求める俳優は、経験とトレーニングを積んだ、献身的でまじめでプロフェッショナルな態度の俳優です。

早いうちから声がかかり、いろいろな役を得る俳優や、定期的な仕事を得る俳優がいる一方で、まったく役が得られな

い俳優もいます。業界とのつながりを求めて何年も頑張り、無料で出演を続けながら演技のクラスで学ぶ俳優もいます。事務所などには所属せず、フリーで活動を続ける俳優もいます。いろいろな道があります。

　トレーニングと経験を積み、アーティストとしての成長を目指して努力すればするほど、自分で満足できるキャリアが長続きする確率が高まります。

プロの俳優になるための面接

　プロの俳優を目指すうえで、面接への準備として、次のことを意識しておいてください。

　①面接での服装はビジネスカジュアルを基本に選びましょう。18歳未満の人は「ちょっといいレストランで外食するときの服装」として考えてみてください。オーディションに行く際は、宣材写真と同じ外見になるよう注意します。

　②可能であれば、2つかそれ以上のモノローグの演技が披露できるよう練習しておいてください。小さな会議室で演技を見せる場合もあれば、広いオフィスなどで多くの人の前で演技をする場合もあります。録画をするときもありますので、柔軟に対応してください。

　③「俳優としての経験は？」と尋ねられた場合、たいてい先方は、あなたの人柄を知ろうとしています。演技以外の

話題も、最低５つ用意しておきましょう。先方が興味を示すかどうかを見てください。

　事務所の情報が本やインターネット上で見当たらなければ、問い合わせましょう。所属している俳優の数はどれくらいか、過去にどんな作品を扱ったかなどを尋ねてみてください。

　業界内での人間関係にも、一般的な人間関係との共通点があります。お互いに好感や信頼感が持てて、心地よい時間が共有できなくては成立しません。面接では、その点も確認します。個人的に、相手のことが好きになれないなら、よい相性ではありません。

④性格について尋ねられたら、すぐに答えられるようにしておきましょう。先方は、あなたを売り出すための方向性をつかもうとしています。あなたは面白くておしゃべりで外向的でしょうか、それとも静かで繊細で、シャイで内向的でしょうか？　生徒会の会長の役が似合うタイプか、それともいじめっ子の役が似合うタイプでしょうか？

　人はみな状況によって変わります。それでも、全体的に見て、ある一定の性格が表れがちです。いろいろな性格のなかで、特に演じやすいキャラクターのタイプがあるはずです。

　自分のタイプを知るのは難しいことです。自分のことを深く知らなくてはなりません。俳優のトレーニングを続けていけば、あなたにもっとも合う人物像がわかってくるでしょう。15歳以下であれば、先方からタイプを尋ねられ

ることはないかもしれません。

　自分のタイプをはっきりと、自信を持って、すぐに答えられるようにしておいてください。

　自分のことをよくわかっている俳優は好かれます。あなたをオーディションに送り出す人にとっても仕事が楽になりますし、業界の基本を理解している俳優であれば自信を持って売り込めます。

⑤好きな俳優や映画、舞台劇を尋ねられる場合があります。「あなたと似たような有名俳優は誰で、その俳優が演じた役であなたに合うものはどれだと思うか」と尋ねられることもあります。

　業界に携わる人たちの個性もさまざまです。面白くて頼りがいがありそうな、朗らかな人たちもいます。情熱を持って仕事に取り組んでいる人もいますが、そうでない人たちもいます。

フリーランスと契約

　業界の人に好印象を持ってもらえたら、先方から「フリーランス」または「契約」の提案がなされる場合があります。

　フリーランスでは契約を交わさず、オーディションの手配をしてもらいます。経過を見て、感触がよければ契約に進みます。所属契約を交わすまでは、ほかの事務所とのかけもちも自由です。

　契約すれば、同種の仕事を請け負う他社とのかけもちはで

きません。たとえば、映画出演を目指して2社と同時に契約することは不可とされています。契約書には、業務の範囲や法的な事項が明記されています。

　ご参考までに、アメリカでの事情は次のとおりです。

①事務所によっては、舞台や映像、コマーシャルなどの各部門をすべて請け負うところがあります。
②俳優側の選択により、舞台と映像とコマーシャルの各部門を分けて、それぞれ別の事務所に依頼するケースもあります。俳優によって選択はさまざまです。
③エージェントとは契約せず、マネージャーだけをつける俳優もいます。
④マネージャーを1人つけ、さらに、1人または複数のエージェントと契約している俳優もいます。

キャスティングの流れ

　キャスティングの流れを最初から最後まで、簡単に説明します。

①プロデューサーか監督、または広告代理店がプロジェクトに携わります。以後、「プロデューサー」とします。
②プロデューサーはキャスティングディレクターを雇います。社内に専属のキャスティングディレクターがいる制作会社もあります。
③キャスティングディレクターは登場人物のリストを作成

し、それぞれの人物像をまとめた「ブレイクダウン」〔→pp.
105–106〕を作ります。

④ブレイクダウンが業界の情報サービス会社〔アメリカでは
「ブレイクダウン・サービス」という会社〕に送信されます。

⑤業界の情報サービスの利用者〔各芸能事務所。アメリカの場合
はブレイクダウン・サービスに登録しているエージェントとマネージャー〕
宛てに、情報が一斉送信されます。

⑥芸能事務所は所属俳優を選抜し、俳優の情報を送って応
募します。

⑦キャスティングディレクターは応募者のなかから俳優を
選び、芸能事務所にオーディション情報を伝えます。

⑧芸能事務所はオーディションの日時と場所を俳優に伝え
ます。

⑨俳優は日程をチェックします。日程が合わなければ、オ
ーディションへの参加を辞退します。

⑩オーディションの結果は芸能事務所から連絡されます。
落選した場合、連絡はありません。

　落選したときでも、オーディションへの取り組み方がよく
なかった場合は特別に連絡が来ることがあります。「この俳
優はいつも準備不足だ」とキャスティングディレクターが感
じたら、事務所に改善の要望や注意喚起がなされます。

　キャスティングディレクターに自分で直接売り込みをした
結果、先方から連絡がもらえる場合もあります。ただし、前
にも述べたように、許可なく電話や訪問をするのは厳禁です。

自分で応募するときに気をつけたいこと

　オーディションの情報元がきちんとした団体であるかを確かめましょう。アメリカでは、ライセンスを持つ業界人や、特定の条件を満たす人だけがブレイクダウン・サービスに加入を許されています。

　自分で情報を得ることには危険性もあります。アメリカでは2011年に、オーディション情報を入手してほかの俳優に違法に流出させた俳優に、禁錮20日間の有罪判決が下りました。また、ブレイクダウン・サービス社に対して130万ドルの損害賠償金の支払いが命じられました。

　キャスティングを正規に請け負う事務所が募集しているものに応募しましょう。また、あなたに合う役でなければ、応募する価値はありません。やみくもに応募するのも時間の無駄です。先方のことがよくわからずに応募した場合でも、オーディションに呼ばれることがあります。

宣材写真（ヘッドショット）

　よい宣材写真とは、次のようなものです〔アメリカでは全身の写真は求められません。胸元から上のクローズアップを宣材写真として使います。主に顔（頭部）の写真であるため「ヘッドショット」と呼ばれます〕。

　①実際のあなたと同じように見える

　②あなたの性格が表れている

　③よい照明で撮影されている

　④顔のクローズアップである

宣材写真撮影のアドバイス

①一般的に、コマーシャル用には笑顔の写真を使います。舞台や映画のオーディションには、シリアスな表情の写真を提出します。

②撮影場所はスタジオでも、屋外でもかまいません。どんな場所で撮影したかは問われません。

③上半身は単色で無地の洋服を着用してください。

④白い服は避けてください。

⑤ロゴ付きや柄物の服は着ないこと。写真のなかで、あなたの顔や両目がもっとも目立つようにします。

⑥視線を惑わせるようなアクセサリー類は着けないこと。

⑦肌は露出しすぎないようにしてください。

写真と本人が同じように見えることが大切です。撮影のときに普段と異なる髪型をしたり、メイクを濃くしたりしないようにしてください。

撮影は知り合いに頼んでもよいですし、プロの写真家に依頼してもかまいません。ただし、これは俳優の宣材写真ですから、普通のポートレートやスナップ写真や芸術的な写真とどう違うのかを撮影者が理解していなくてはなりません。撮影を依頼する前に、まずフォトグラファーと会ってみましょう。人柄が合わなければ、よい写真は撮りにくいからです。

事務所から、フォトグラファーのリストがもらえる場合もあります。ただし、特定のフォトグラファーだけを指定されたら、アメリカでは詐欺だとみなされます。

　オーディション会場に行くときは、自分の宣材写真と履歴書を少なくとも一組は持参しましょう。たいてい先方は同じ情報をデータで得ていますが、念のために持っておいてください。

　業界の人と会うときや、会う可能性があるときも同様です。宣材写真と履歴書を常に持ち歩いている俳優もいます。

ノン・ユニオンとユニオン

　アメリカには映画やテレビ、ラジオに携わる人々の労働組合であるスクリーン・アクターズ・ギルド－アメリカン・フェデレーション・オブ・テレビジョン・アンド・ラジオ・アーティスツ（Screen Actors Guild - American Federation of Television and Radio Artists）〔以下、SAG/AFTRA〕があります。アメリカの舞台劇に携わる人々の労働組合はアクターズ・エクイティ・アソシエーション（Actors' Equity Association）〔以下、エクイティ〕です。どちらの組合のウェブサイトにも、ほとんどの質問に対する回答が掲載されています。調べてもわからないことがあれば、組合に連絡してください。以下、これらの組合を「ユニオン」、組合に加入していないものを「ノン・ユニオン」とします。

　知っておくべき基本情報は次のとおりです。

①ノン・ユニオンの作品は組合の規定の対象外であり、自主的なルールに従って制作されます。大多数は俳優を尊重し、SAG/AFTRAおよびエクイティの基本ルールに従って

いますが、もちろん、例外もあります。ノン・ユニオンの舞台や映画に参加する場合は、制作者や制作会社をよく調べておいてください。

②エージェントやマネージャー、キャスティングディレクターはノン・ユニオンの作品も扱います。

③ノン・ユニオンの仕事は新人の俳優にぴったりです。たいてい、学生や初心者、個人のプロデューサーが制作しています。

④俳優活動を始めたばかりの人や、キャリアの初期の段階にある人は、ノン・ユニオンの作品のほうに多くの機会があります。自分でオーディションに応募して出演のチャンスを得ることも可能です。

⑤ユニオンのメンバーでなくても、ユニオンの作品のオーディションに参加できます。

⑥ユニオンの作品に出演が決まったら、ユニオンに加入する資格が与えられます。

⑦ユニオンに加入したら、ノン・ユニオンの作品に出演することは禁止されます。制作会社やプロデューサーがSAG/AFTRAまたはエクイティと適切な書類手続きをしている場合は例外です。SAG/AFTRAおよびエクイティは、これらの状況に対して、特別な契約や合意事項を定めています。

ユニオンに加入するほうがよいかどうかは、一概には言えません。俳優自身の考え方次第です。

エキストラとして出演する

　エキストラとしての出演はバックグラウンド・ワークとも呼ばれます。撮影現場での動き方を知るにはぴったりです。制作側の目に留まれば、セリフがある役への昇格も期待できます。エキストラは映画制作の知識が得られる立派な仕事ですが、プロの業界では演技の仕事とはみなされないため、出演歴に含めることはできません。

最後に、俳優業について

　役を得たら、出演が始まるまでに、自分が何をすべきか理解しておいてください。10歳の子がぼんやりして戸惑っていても、15歳の子よりは大目に見られます。でも、22歳になってもそのようなら、俳優としての道が途絶えるか、かなり悪い評判を得るでしょう。

　訓練と経験を積んだ俳優は、そうでない俳優よりもリスペクトされます。ほかの職業と同じです。裁判をするなら知識と経験が豊富な弁護士に依頼をしたいですし、病院で手術を受けるにしても、腕がよくて実績がある外科医にお願いしたいものです。映画や演劇の予算を得たら、やはり経験豊富な俳優を雇いたいと思うでしょう。俳優も、オリンピック選手やコンサートのピアニストを目指すのと同じように、献身的な努力が必要です。

　俳優業を仕事にするには時間がかかります。役作りのためのリサーチ、努力と、それを支えるお金も必要です。

最後に、演技について

　演技はけっして簡単ではありません。献身と努力と修練を何年も重ねることは難しく、また、やりがいもあります。最高の俳優は演技と真剣に向き合い、人生が続く限りアーティストとして成長を目指します。

　俳優業を志しはじめたばかりの頃は、どれくらいの時間と努力が必要なのか、見当がつかないかもしれません。アーティストとしての道のりを、人生をかけて歩む人々もいるほどです。ほかの分野でもマルチに活動を続け、たまに演技の仕事が来たら楽しんで取り組む、という人たちもいます。

　あなたが目指すものがなんであれ、演技を学ぶと人生に関する貴重な情報や人間のあり方、そして自分についての学びが得られます。また、演じることは、パワフルで楽しい自己表現の一形態でもあります。

第11章

自分でストーリーを
書くためのエクササイズ

Writing and Writing Exercises

あなたが演技の表現を好きだと思うなら、書くこともまた楽しいかもしれません。役作りについて学んだことを活かして、この章のエクササイズを試してみてください。エクササイズを始める前に、ストーリー創作の技術について、基本的なことをお伝えします。

ストーリーに必要なものは？

　何かを求めるキャラクターが、ストーリーには必要です。そのキャラクターが、求めるものを手に入れるか、手に入れないかを結末で描き、明らかにします。一般的に、ストーリーは「始まり」「真ん中」「終わり」の3つの部分に分かれます。

構成

　ストーリーの始まりの部分では、キャラクターの「普通の生活」を紹介します。その普通の生活は、ある出来事（脚本の用語では「インサイティング・インシデント」と呼ばれます）をきっかけに揺り動かされ、キャラクターはなんらかの行動をしなくてはならなくなります。自分が大切にしているものや、求める理想のために戦いはじめるのです。あるいは、ほしくないものと戦うのかもしれません。

　キャラクターの戦いとともに、ストーリーは進展していきます。途中で小さな成功があり、大成功があり、また、失敗もあるでしょう。キャラクターを妨害する敵（自分の心のなかの葛藤や、人間関係で対立している相手、外部からの圧力など）も登

場します。ストーリーが進展するのは、次のいずれかが起きたときです。

①キャラクターがアクションをする。
②別のキャラクターがアクションをする。
③キャラクターが情報を明かす。
④別のキャラクターが情報を明かす。

キャラクターはなんらかのアクションをするか、なんらかの情報を得る、決定的な瞬間にたどり着きます。そこで望みが叶うか、叶わないかが決まります。これがストーリーのクライマックスです。

注：キャラクターが行動しないことを選んだために、ストーリーが発展することもあります。情報が隠されているために進展することもあります。

そして、ストーリーは解決へと向かいます。旅を終えたキャラクターが、どのように変化したかを描きます。ストーリーの始まりと比べると、身の回りの状況や気持ちなど、何かの面で変わっています。ですが、キャラクターがまったく変化しないストーリーもあります。

あなたが思い描くストーリーにも、これらの要素のいくつか、またはすべてが表れることでしょう。少なくとも、きっかけとなる出来事とクライマックスは、観客にはっきりと見せることが大切です。

以上が、説得力と面白さがあるストーリーを作るための基本です。ストーリーの創作について、さらに詳しくは専門の

入門書を読んでください。脚本を書くことは、1つの専門的な技術として奥が深いです。でも、オリジナルの脚本を楽しんで書く俳優もたくさんいますし、逆に、脚本家や劇作家が演技に関心を持つことも多いです。クリエイティブな人たちは、自分の専門分野を1つに限らず、ほかの分野にもダブルでチャレンジすることがよくあります。

ストーリーの例

第8章での脚本の分析で使ったストーリーを例にします。

普通の生活：マービンは1日のほとんどを、ゲームをして過ごしている。

きっかけとなる出来事：友人アイクが、マービンの分もダンスのコンテストに応募する。優勝者はスーパーグループの一員としてデビューできる。

進展：マービンは練習する。パーティーで踊りを披露すると、みんな大喝采。アイクはマービンに、優勝するためにはオリジナルの振り付けを考えなくてはならないと告げる。マービンは必死に振り付けを考えるが、熱中症のために倒れてしまう。彼は体調が回復しないまま、コンテスト当日を迎える。

クライマックス：ダンスのコンテストが開催される。マービンは気力をふりしぼって会場へ向かい、見事にダンスを成功させる。だが、審査員たちがスコアを集計しているあいだに、マービンはアイクが審査員に賄賂を渡すところを目

撃。そして、優勝者はアイクだと発表される。

結末：マービンはダンス講師になり、大学の学費を稼ぐ。

　このアイデアを磨けば、いいストーリーに仕上がるかもしれません。少し変更を加えながら磨いていきたいと思うか、そこまではせずに、まったく別のストーリーに労力を注ぐほうがよいと感じるかもしれません。どちらにするか迷ったら、次の2つの条件を考えてみてください。

　①あなた自身にとって面白く感じられ、最初から最後までずっと興味を持って書き続けられる。
　②あなた自身がストーリーの根底にあるメインのアイデアを信じることができる。

　ストーリーの根底にあるメインのアイデアは、「勝っても負けても、ベストを尽くせば得るものがあるんだ」というようなセリフに表れます。ストーリーのテーマと言ってもよいでしょう。それが何かは、時間をかけてストーリーを発展させるまではわからないかもしれません。実際に書く過程をかなり進めてみないと、メインのアイデア、あるいはテーマが自分ではよくわからないときもあります。でも、ストーリーを根底から動かす力は、あなたが信じる価値観から生まれているはずです。頑張ることに意味があり、一生懸命に取り組むことが成長の機会であって、結果は関係ない、とあなたは信じているかもしれません。マービンとダンスのコンテストを描くストーリーが、あなたの信念をどう表すのかわからな

151

い場合もあるでしょう。少し時間をおいて、考えてみてください。ストーリーがうまくいくかどうか、すぐにわかるときもあります。

これらの原則や考え方は、1ページだけの短いシーンにも長編映画にも当てはまります。

舞台劇と映画

舞台劇にも映画にも、1つ、あるいは複数の舞台設定があります。登場人物も、1人だけという作品もあれば、何百人と登場する作品もあります。

一般的に、舞台劇では、キャラクターの考えや気持ちや信念をセリフで語って表現します。舞台劇はセリフがメインで進行します。

映画では、キャラクターの考えや気持ちや信念をキャラクターのアクションによって観客に見せます。映画の脚本を書くときは、観客に見えるものを、そのとおりに書いてください。映画脚本の世界では「目で見てわかるように表現しろ、話し言葉で説明するな」とよく言われます。

ストーリーのアイデアを得るには？

アイデアの源は、あらゆるところにあります。

①あなたの実体験や、人間関係で起きた過去の出来事。
②誰かほかの人の体験談。

③アイデアがひらめくような本や記事。

④想像をふくらませること。

⑤とっさに思いついた、ひらめきなど。

ワークシートとエクササイズ

　次に挙げる「アイデアを出すためのエクササイズ」は、埋もれているアイデアが掘り起こせるように作られています。このエクササイズでは、ある程度のガイドラインを指定しています。指定された枠があれば、むしろ発想は自由になります。

　「ストーリーのワークシート」は、ストーリーの主なディテールを考えるのに役立ちます。すべての問いに、順番どおりに答える必要はありません。どこからスタートしても、途中の問いを飛ばしても大丈夫です。思い浮かんだものから、アイデアを書き留めていきましょう。そのうちに、あなたのストーリーのいろいろな要素が見えてくるはずです。多くの脚本家はまず、着地点となるエンディングを決めてから、前にさかのぼって考えます。

ストーリーを書くためのエクササイズ

●アイデアを出すためのエクササイズ #1

ガイドライン

• 次に挙げる「使用する文」から好きなものを選び、それを

めぐってストーリーを作ってください。

- セリフは無しとします。
- コメディやホラー、ウエスタンなどから、ストーリーのジャンルを1つ選んでください。
- ストーリーは1分以内とします。どれだけ短くてもかまいません。
- あなたがいまいる部屋または空間を舞台にしてください。
- トイレに関する話題や不適切な話題は避けること。

使用する文

「考えているうちに頭がおかしくなった」

「カバンを下の階に置いてきた」

「こんなこと、起きてほしくなかった」

「今朝、何を着るか決められなかった」

「見ておいて。いままでやったことがないから」

「何か、すごく変なことが起きている」

「どうして？　どうしていつもこんなことが起きるの？」

「いつになったら変わると思う？」

「痛いだろ。これも痛いだろ。これは痛いか？」

「親が見たら恥ずかしいと思うだろうな」

「絶対に理解できない人もいる」

「彼女は最高。あんなふうになりたい」

「なんて無駄なことを」

「なんだかいやだな。すごくいやだ」

「これは間違いだってわかってた」

「残り物のほうがおいしいよ」

「ここで私はブチ切れたんだ」

●アイデアを出すためのエクササイズ #2

ガイドライン

- 次に挙げるセリフから、発端となるセリフを1つ選んでください。
- それに続いて書くセリフは6つ以内とします。
- 次に挙げるセリフのなかから1つ、あるいはそれ以上を必ず使うこと。
- コメディやホラー、ウエスタンなどからジャンルを1つ選んでください。
- 長さは3分以内。どれだけ短くてもかまいません。
- 場所の設定は室内、またはあなたがいまいる場所にします。
- トイレに関する話題や不適切な言葉遣い、不適切な話題は避けること。

使用するセリフ

「あっちだ、あっち」

「もうこれが最後だからね」

「すべてを終わらせなきゃ」

「ばかみたい」

「考えすぎて頭が痛い」

「もう二度としない」

「これ、作ったんだ」

「これはだめ。うまくいったことがない」

「この場所、変な感じがする」

「残念だね」

「なんて恥ずかしい」

「続けて。そのうちできるよ」

「ほら、考えるでしょう」

「ずっとこのときを待っていた」

「こんなに盛り上がるものはほかにないね」

「もとに戻して」

「なんとなく、違う気がする」

● アイデアを出すためのエクササイズ #3

ガイドライン

- いままででもっとも恥ずかしかったことを思い出して、ストーリーを作ってください。実体験を、そのとおりに表現しなくてもかまいません。出来事のディテールを変えて表現してください。
- セリフの量は自由です。
- コメディやホラー、ウエスタンなどからジャンルを1つ選んでください。
- ストーリーの長さは自由。短くても長くてもかまいません。
- 舞台設定となる場所はいくつでもかまいません。
- トイレに関する話題や不適切な言葉遣い、不適切な話題は避けること。

ストーリーのワークシート

● ストーリーの構成

最初の部分

- キャラクターは普通の暮らしをしています。

- その暮らしには、何かが欠けているかもしれません。キャラクターはそれに気づいているかもしれないし、気づいていないかもしれません。
- キャラクターは普通の暮らしをどう感じているかも書きます。

インサイティング・インシデント

- ストーリーの最初のあたりで、キャラクターの普通の世界が揺るがされるようなことが起きます。キャラクターはなんらかの行動に迫られ、何かを強く求めはじめます。
- 普通の世界を揺るがす出来事とは何か、書いてください。キャラクターが何を求めるかも書いてください。

進展

- キャラクターは求めるものを手に入れようとして頑張ります。小さな成功や大きな成功を収め、失敗もします。どのような成功や失敗をするか、書いてください。
  - 1つの大成功
  - 1つの小さな失敗
  - 1つの大失敗

クライマックス

- ついに、キャラクター自身か、その他の誰かがアクションをします。または、どちらかの人物が情報を明かします。キャラクターは望みを叶えるか、望みが叶わないかのどちらかの結果が出ます。
- そこでの決定的なアクションか、明かされる情報が何かを決めてください。
- 望みを叶えた、あるいは叶えられなかった後のキャラクタ

ーの反応について書いてください。

• その後、キャラクターがどんな生活をするかを書いてください。

追加の質問

①ストーリー全体で、キャラクターが目指している目的はなんですか？

②その目的に向かおうとするキャラクターは、どんな障害に遭遇しますか？

③キャラクターは目的を達成しますか？

④エンディングに達する頃、キャラクターはどのような変化を遂げていますか？

第12章

ショート・モノローグ

Short Monologues

この章では性別を問わずに演じられるモノローグを掲載します。誰に対して話しているかは、自由に解釈してください。場所やその他の詳細については自由に想像して決めてください〔「私」を「僕」や「俺」に変えるほうがよければ、そのようにしてもかまいません〕。

いつか彼がいなくなるって、わかってるから気が楽。でも、絶対に、また別のイヤなやつが代わりに現れるに決まってる。

いつも笑ってる人って、幸せなのか、バカなのかわからない。人生の大変さを知らないか、ただ教わっていないだけ。

もっともクリエイティブで、最高のリーダーになる人たちのなかには、自己中心的なエゴイストが存在する。おおいなる情熱を社会に対して抱く反面、身近な人々にはほとんど敬意を払わない。私はそういうタイプ。

昔の友達とは、ほとんど話さない。私は変わった。みんなも変わったか、遠くへ引っ越した。昔がなつかしいけど、いま、みんなに会ってもがっかりするだろうと思う。特に、引っ越していった人たちは。

私は科学者。ものを測定して評価する。だから、世界が理解できる。物理的にね。人のことはわからない。私は頭のなかで生きているから。身体のなかではなくてね。だから、健康については問題だらけ。身体を気づかう能力はない。頭だけ。

死刑についてどう感じるか、自分の意見を決めました。他人の命を奪った者は、自分もそれと同じ目にあうべきだと思います。処刑すべきですよ。生かすだけの価値はありません。刑務所のスペースにも限りがありますからね。その一方で、刑務所で苦しみながら生きるべきだとも思います。死んだら必ず地獄行き、というのが条件です。どうかな。まだ自分の意見は決まっていないみたいですね。

祖父は70代です。アルツハイマー病で、かなり悪化しています。先週、私が誰だかわかりませんでした。よく転んで、病院に運ばれます。診断されたのは10年くらい前。祖母は途方に暮れています。一番悲しいのは、週に1度、お見舞いに来てくれる友達がたった1人だけだってこと。ほかの人たちはみんな、知らん顔。人間って、そういうものなんでしょうか？

人は何か言って、約束するでしょ。自分はいい人のつもりなんだろうけど、忘れたり、後になってやっぱり無理だって気づいたりする。本当にひどいよ。何が言いたいかっていうと……お互いに、もう会わないほうがいいと思う。

ゆうべは眠れなかったから、2時間ほど本を読んで、それからドキュメンタリーを見た。派手なやつじゃなくて、地味な、黒部ダムのやつ。引き込まれちゃった、意外と面白くて。朝の4時まで眠れなかった。ダムのことは全然覚えてないけど。

犬も一緒に宿泊するか聞きました。そしたら一緒に泊まりますって。4000円追加になりますと説明しました。お客様は、タダにできないのか、って。できませんと言いました。費用はけっして免除してはならないと、あなたに言われたから。お客様は怒鳴って暴言を吐いたんです。私は冷静にしていました。そしたら「低能」呼ばわりされて、それでペンを投げつけました。その直後に、あなたが歩いてきたんです。どうしますか？　あいつの味方をするんですか、それとも私ですか？

もう一緒に遊びたくない。いつも頼られてばかりだから。頼みがあるとか、何か貸してとか、アドバイスちょうだいとか。いつも何かある。だから、もう、すっきりと、別々の道を行こう。ほら。これ、うちに忘れていったメガネ。問題集を返して。今週、持ってきてくれる？

ねえ、すごくいい感じだね。いい身体。見てたんだけどね。スクワットしてたでしょ、膝は爪先よりも前に出さないようにしなきゃ。腰に力がかかって傷めちゃう。自分も2、3年前にやっちゃったんだけど。ぎくっときちゃって、3ヶ月はまともに歩けなかったの。パーソナルトレーナーしてるから、必要なときは声かけてよ。パーソナルトレーナーやってるから。

ピアノを弾いてるんです。ずっと。でも、得意なことから逃

げる人は多いじゃないですか。バンドか交響楽団で弾くより、もっと大きい夢があるんです。自分で交響曲を作曲したいし、バンドをするならリーダーになりたいんですよ。まあ、そんな才能はないし、だめになるだけでしょう。それでもいいや。大きな夢を目指して、失敗して、商店街で弾いたりするようになったとしても、挑戦しないよりいい。どっちにしても、無名のままで終わるんだから。

ほかの人より賢いわけじゃないと思うよ。ただ、ほかの人より賢いのは事実だから、黙って話を聞けよ、とは思ってる。そうしてくれたら、これ以上悩まないで済むし、前に進める。でも、そうはならないから、もうどうにでもなれと思って、言いたいことを言った。

この腕時計、おじいちゃんが誕生日にくれた。いつもは誕生日なんて忘れてるんだけどね。今年は覚えていてくれて、プレゼントをくれた。毎年、クリスマスに2つプレゼントをくれる。1つはクリスマスで、もう1つは誕生日の分。おじいちゃんのことをもっと知りたいんだけど、すごく無口で、話してくれないんだ。だから、この腕時計はすごく大事。8000円で譲るよ。

大変だったのはわかるよ。いまの気持ちは言葉で表せないって。でも、言葉が見つからないなら、辞書を買ってあげなきゃね。自分のことがちゃんと表現できるように。

盗んだの。これまでにも、たまに盗っちゃっててさ。机の上にある名刺入れとか、レストランのトイレの壁にある写真とか、そういうつまらないもの。でも、この前は、人のスマホ、盗ったんだよね。我慢できなくてさ。ドキドキしたいからじゃなかった、ほかのはただドキドキしたくてやってたんだろうけど。だって、友達に泥棒って言われたんだよ。だからそいつのスマホを盗んでやった、仕返しのために。

何も思い出せない。毎日コピペして、自分にメールで送って、何すればいいかを思い出せるようにしてるぐらいだから。友達が言ってた。記憶をなくして、3週間後に脳腫瘍と診断されたって。亡くなったけどね。自分は脳腫瘍じゃないと思う。だって何も思い出せないんだから。頭が悪いか、すごくぼーっとしてるかの、どちらかだね。

最高のネタを世に出して、売れなかったらどうしようって、みんな心配する。才能があるなら、どんどん深めていけるはずだよ。そうでなかったら、そのまま眠らせておけばいいんじゃないかな。

推 薦 図 書

ウタ・ハーゲン『〝役を生きる〟演技レッスン──リスペクト・フォー・アクティング』シカ・マッケンジー訳、フィルムアート社、2010年

コンスタンティン・スタニスラフスキー『俳優の仕事 第一部──俳優教育システム』岩田貴・堀江新二・浦雅春・安達紀子訳、未來社、2008年

サンフォード・マイズナー、デニス・ロングウェル『サンフォード・マイズナー・オン・アクティング──ネイバーフッド・プレイハウス演劇学校の1年間』仲井真嘉子・吉岡富夫訳、而立書房、1992年

ステラ・アドラー『魂の演技レッスン22──輝く俳優になりなさい!』シカ・マッケンジー訳、フィルムアート社、2009年

マイケル・ショトレフ『ザ・オーディション──ハリウッド、ブロードウエイの有名プロデューサーが明かす仕事を獲得するために知っておきたい自己表現術』絹川友梨／オーエン・ヒュース訳、フィルムアート社、2003年

リー・ストラスバーグ『メソードへの道』米村あきら訳、劇書房、1989年

リチャード・ボレスラフスキー『演技術入門──六つの練習課題』樋口譲訳、早川書房、1953年

Barry Edelstein, *Thinking Shakespeare*, Spark Pub Group, 2007

Patsy Rodenburg, *The Actor Speaks*, St. Martin's Griffin, 2002

Robert Blumenfeld, *Accents: A Manual for Actors*, Limelight Editions, 2004

訳者あとがき

　読者のみなさま、はじめまして。そして、おつかれさまでした！
訳者のシカ・マッケンジーです。この本は、まさに、そのタイトルどおり「演技をはじめる人」が「今日から使える」ハンドブックです。演技は実際に身体を使って行うもの。この本で紹介されているいろいろなエクササイズをまだ実践していないなら、ぜひ、軽い気持ちではじめてみてください。そう、気持ちを軽くして、A地点からB地点に歩いて移動するのです［→第2章］。簡単ですね。次に、A地点にあなたのスマートフォンを置いておき、それを手に取ってB地点に置いてみましょう。これも簡単です。では、それと同じ動きを何度でも同じように繰り返せるでしょうか？　これもまた簡単で、途中でちょっと飽きるかもしれません。

　では、同じ動きを、今度はあなたが織田信長を演じるとして、やってみましょう。そうです、さっきのスマホを、A地点からB地点に、今度は織田信長で……「これは何じゃ?!」と叫びたくなるかもしれません。A地点でスマホを手に取るどころか、家臣たちを呼んで大騒ぎをする可能性もありそうです。そうした面白い発見や空想を好きなだけ楽しんだら、スマホを扇子（あるいは扇子に見立てた割り箸など）に替えて、A地点に置いてみましょう。おお、扇子。これならば……できそうですね。さて、あなたはどのように動くでしょうか？

　このように、1つの単純なエクササイズにも無限のバリエーションがあります。ときには脱線しながら、のびのびと試してみてください。上記のようなミスマッチやおかしなアイデアをきっかけに、意外な疑問や新鮮な発想が飛び出すものです。正しいことだけをしようとするあまり、正解が見つかるまで何もしないでい

れば、演技への第一歩からますます遠ざかってしまいます。とにかく何かをやってみて、違和感があれば次は別の選択肢を試してみてください。すぐには何も思いつかないとしても心配はいりません。次の日も、また次の日も、好奇心を持って自分自身や人々のいろいろな面を観察し続ければ、きっとヒントが見つかります。エクササイズの手順として本書に書かれている文章はごく短いものですが、それをきっかけとして想像や空想、試行錯誤のプロセスを無限に深め、また、豊かに発展させていけるのです。

　ただし、セリフとして書かれている言葉そのものを変えたくなったときは、注意してください。この本には「**オープン・シーン**」の例題をはじめ、指定されたセリフを使って演じるエクササイズが出てきます。翻訳にあたり、性別や性格や年齢層が限定されるような表現にならないように努めましたが、ちょっとした語尾（たとえば「○○でしょう」「○○だよ」）からどのようなニュアンスを受け取るかは人それぞれです。でも「私が思い描いているキャラクターは、おそらく、このセリフのようにはしゃべらないと思うから少し変えたい」と主張したくなったら、少しのあいだ、その「変えたい」という欲求と戦って抑えてください（私がオープン・シーンのエクササイズを教えるときも、レッスンの参加者から「語尾を変えていいですか？」という質問が毎回出ます）。台本に書かれている言葉は、いわば「氷山の一角」です［→p.40］。それを書き換えたいと感じるとき、あなたは水面下にある大きな氷の塊（つまり、サブテキスト）を先に作り上げてしまっており、それに合わせて「氷山の一角」の形（つまり、テキスト＝台本に書かれている言葉）のほうを変えようとしているのです。このような本末転倒とならないようにしましょう。優れた俳優は、どのようなセリフでも、それを書かれたとおりに言う理由を自分なりに考え出せる

ような適応力を持っています。

　訳者としてもう一点、「ビートとアクション」［→pp.43–46］について補足いたします。動詞を使って演技を作る方法は既刊『俳優・創作者のための動作表現類語辞典』（マリーナ・カルダロン＋マギー・ロイド＝ウィリアムズ著、拙訳、フィルムアート社、2019年）に詳しく書かれていますが、英語の動詞を訳す際、たとえば「motivate＝モチベーションを与える」というように、「与える」という動詞に何かを付け足さなくてはならない例がたくさんあります。そうした日本語の特性が、逆に、演技のヒントをくれる場合もよくあります。たとえば、ピザがほしいとお母さんに訴える演技で「大風呂敷を広げる」や「夢枕に立つ」などの慣用句を使ってみれば、身体の動きから顔の表情にいたるまで、即座にイメージをつかむことができるでしょう。

　そのほかにも、アメリカの視点から書かれたこの本には文化の違いが随所に見られます。特に、用語や俳優業界の情報については日本の実情を考慮しながら訳文を調整させていただきました。貴重な助言を賜りましたフィルムアート社編集部の白尾芽さんをはじめ、本書の制作に携わってくださいましたすべての方々に感謝いたします。

2024年4月

シカ・マッケンジー

著者プロフィール

ジェレミー・クルーズ （Jeremy Kruse）

ニューヨーク大学ティッシュ芸術学部のストラスバーグ演劇研究所で演劇を専攻。その後俳優、脚本家、映画監督、プロデューサーとして多くの演劇やスケッチコメディ番組、自主映画、広告、TVコマーシャル等に関わり、演技講師としても活動している。ドキュメンタリー監督作『リー・ストラスバーグのメソッド』は2011年のニューヨークSOHO国際映画祭に正式出品。自身が手がけた中高生向けの戯曲『ロッカーズ』はアメリカ国内外で上演されている。

訳者プロフィール

シカ・マッケンジー

関西学院大学社会学部卒業。「演技の手法は英語教育に取り入れられる」とひらめき、1999年渡米。以後ロサンゼルスと日本を往復しながら、俳優、通訳、翻訳者として活動。教育の現場では、俳優や映画監督の育成にあたる。訳書に『魂の演技レッスン22』、『〝役を生きる〟演技レッスン』、『演出についての覚え書き』、『俳優・創作者のための動作表現類語辞典』、『人気海外ドラマの法則21』（以上フィルムアート社）などがある。

演技をはじめる人のための
ハンドブック
今日から使える「演じる」技術

2024年5月25日　初版発行

著者　ジェレミー・クルーズ
訳者　シカ・マッケンジー

日本語版デザイン　折田烈（餅屋デザイン）
日本語版装画　イマイヤスフミ（vision track）
日本語版編集　白尾芽（フィルムアート社）

発行者　上原哲郎
発行所　株式会社フィルムアート社
　　　　〒150-0022
　　　　東京都渋谷区恵比寿南1-20-6　第21荒井ビル
　　　　tel 03-5725-2001
　　　　fax 03-5725-2626
　　　　https://www.filmart.co.jp/

印刷・製本　シナノ印刷株式会社